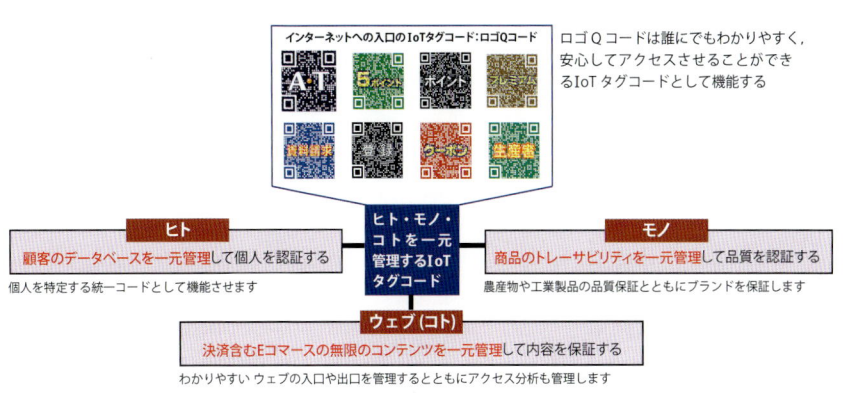

図 3.4.7　ヒト・モノ・コトを支える IoT タグのインフラコードがロゴ Q

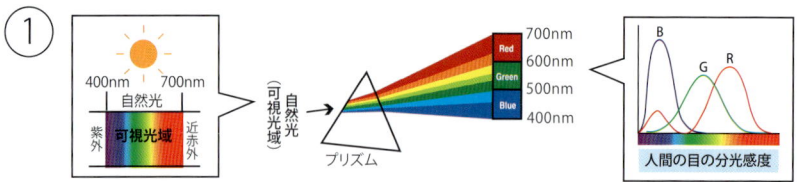

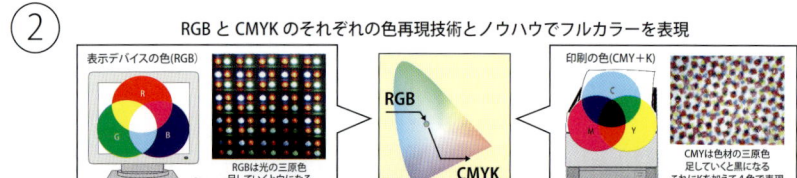

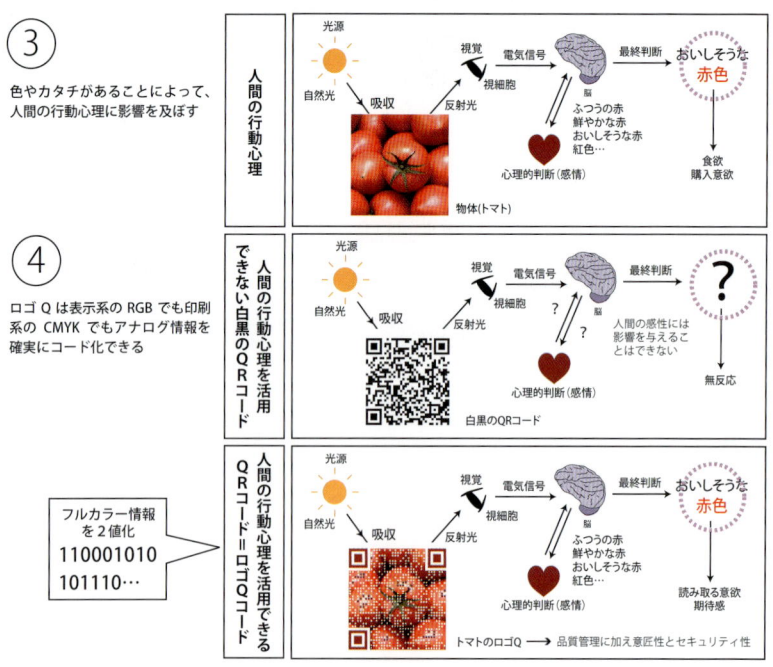

図 3.4.8　ロゴ Q はどんなものでも読み取り保証したデザイン性のある QR コードを生成できる

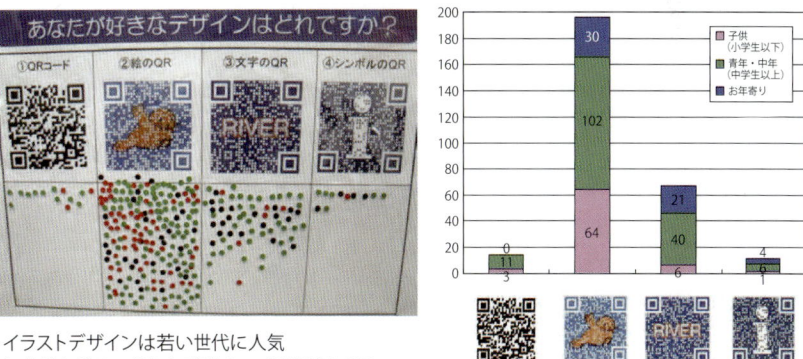

図 3.4.9　年齢が上がるほど文字デザインに反応

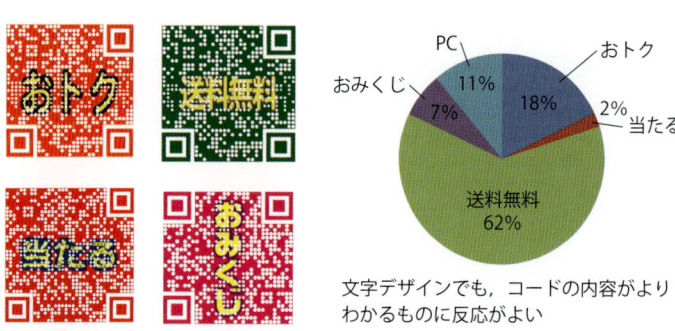

文字デザインでも，コードの内容がより
わかるものに反応がよい

図 3.4.11　コード内容がより具体的であればあるほどアクセス率は高くなる

紫外線インクを使って刷られたコード	ブラックライトを当てると，紫外線インクが刷られていることが目で見てわかる	コピーしたものは，ブラックライトを当てても紫外線インクは確認できない

↑蛍光色で赤っぽく光っているところが紫外線インクで描かれたところ

図 3.4.14　難易度の高い技術を併用することは偽造・模造防止対策になる

図 3.4.18　FlagQR からなら，日本語がわからない観光客に対し音声などで案内ができる

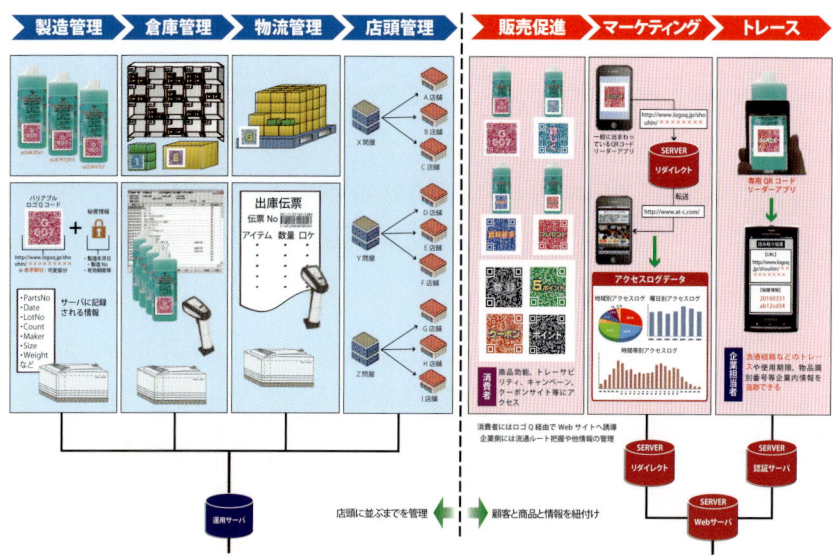

図 3.4.22　セキュリティロゴ Q は製造から販売後までをサポートする次世代型 IoT タグコード

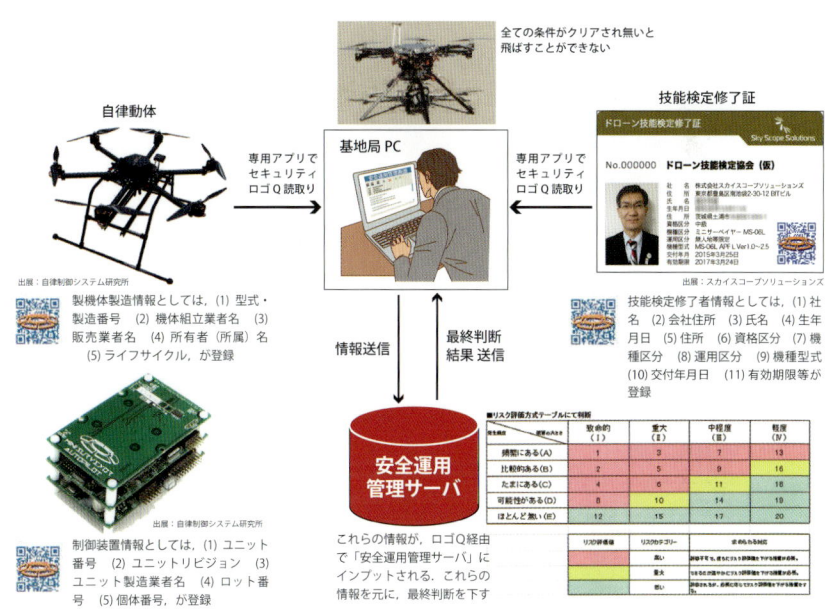

図 3.4.24　セキュリティロゴ Q を自律動体を安全に運用管理するタグコードとして活用

図 3.5.11　レーザースキャン画像［首相官邸近未来実証特区検討会ヤマハ発動機資料より］

近未来の交通・物流と都市生活
ユニバーサルデザインとエコデザインの融合

西山敏樹 編著

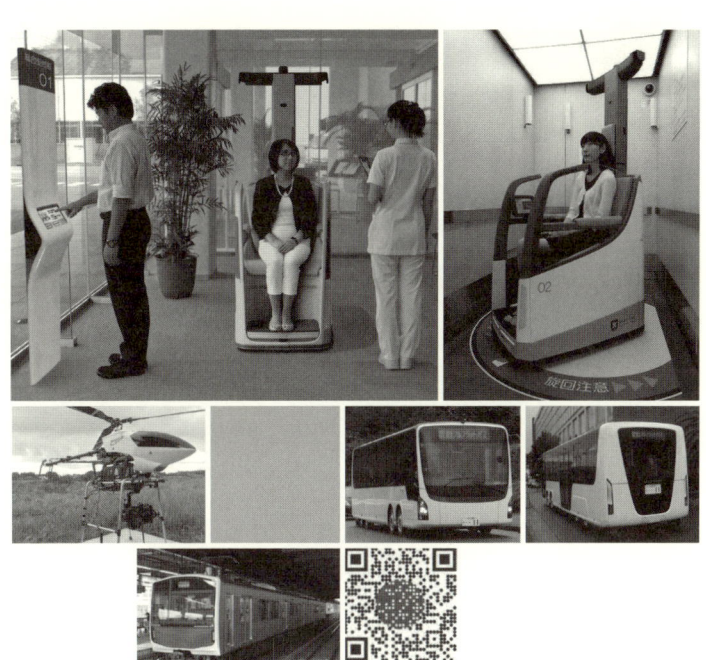

慶應義塾大学出版会

はじめに

「交通」——われわれ生活者でこの言葉を知らない人はいない。しかし，本書を執筆するにあたり，改めて交通の語源にあたったら，次のとおりであった。松葉榮重の『交通要論』（三笠書房，1942）のp.14に，「明治十八年（一八八五年）リスボンの萬國郵便會議に列席の驛遞總官野村靖が独逸に於ける交通制度を研究し歸朝語独逸語のverkehrを交通と訳した。これが今日の交通の語源であると言はれている」とある。verkehrをドイツ語の主要な辞書で調べてみると，英語でいうtrafficに相当する「交通・通行・往来」の意味のほかに「（人と人の）交際・付き合い」という意味合いももつことがわかってくる。

元来，交通は人と人を交わらせて，われわれが物・情報・場を得ることを支援し，人と人の交際や付き合いを深め，幸福度＝福祉度を高める役割を担っている。そうした交通の役割こそが，verkehrという一語に集約されてきたわけである。交通が，人々の幸福度を高める重要な社会的手段であることに，われわれは今いちど着目したい。筆者は，交通分野のユニバーサルデザインとエコデザインの融合化を専門として，「"交福＝交通＋福祉"で人類の幸福度を上げる」ことをミッションに研究を行なってきた。たとえ技術が向上して交通分野のサービスの機械化・自働化が進んでも，福祉的視点から人間味があふれてそれを誰もが深く感じられるサービスを日ごろから研究し，その必要性を訴えてきた。

とくに近年は，2020年のオリンピックをはじめとした日本の国際化や高齢化，障がい者の増加などを念頭に，おもてなし度の高いホスピタリティレベルが高い社会の構築が従前以上に期待されるようになった。これとともに，法学の分野を中心として基本的人権に移動の権利，つまりモビリティを含める動きも出てきている。まさに人類の幸福度を上げる究極の目的を達成するうえでは，モビリティを汎用的にしっかりと確保し，ホスピタリティの質的な向上を果たすことが，当面のひとつの重要な社会的目標になる。そこで筆者は，モビリティ＋ホスピタリティで「モビリティ学」という学問をつくり，移動権を着実に

確保し，ホスピタリティレベルの高い社会につなげる新学問を提唱している。

　従前の交通学は，鉄道車輌や安全設備などの技術的側面を専門に研究する「交通工学」や，鉄道駅・バス停などの適切な配置などを専門に研究する「交通計画学」，運賃制度や事業経営を専門に研究する「交通経済学」，従前の交通史をひも解く「交通史学」などに分類される。しかし，それらが縦割りで，従前の研究成果が現実的な問題解決につながる例は少なかった。例をあげれば，交通工学分野で優れた交通技術の研究開発が行なわれても，モータリゼーションの進展で経営が苦しい交通事業者側が，少しでも円滑に技術を購入できるようにするための交通工学と交通経済学の学際的アプローチによる問題解決策の研究がなければ，事は進まないわけである。そこで筆者は，交通事業者やそれを支える交通行政の経営状況，技術導入によるメリットやデメリットを市民にくまなく公平に情報公開し，社会調査により明らかにした市民の支払意思額から，技術導入に対して市民がより客観的に判断する必要技術量をシミュレーションする手法を永らく研究してきた。

　これは，すでに行政や行政機関で用いられている交通政策構築の一つの手段である。こうした現場に通じる学際的な新しい交通学の構築が求められている。社会を構成する3要素であり，社会システムのデザインでも重視される「価値観」，「技術」，「制度」のバランスが交通分野でも大切である。生活者の価値観を的確に把握し，社会的に必要な技術の質と量に関する合意点を導出して，技

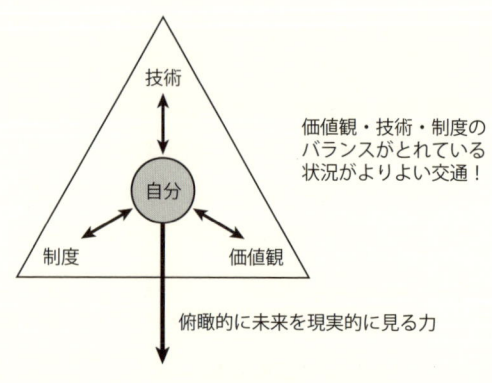

モビタリティ学の基本スタンス

術が適切に波及するための制度＝システムをロングタームで構築する，3つをまたぐ学際的な研究こそが必要で，モビリティ学のスタンスである．これにより市民と交通関係の事業者，行政がWin-Winとなる現実的な問題解決策の構築が可能となり，各アクターの幸福度を現実的に高めることもできる．

　以下，本書では，高い技術力と深い人間味にあふれるモビリティ学の実践事例を紹介し，価値観・技術・制度のバランスを考えた現実的な交通のあり方を皆さんと共有する．

目　次

はじめに　*iii*

第1章　近未来の交通運輸環境の問題点 ─── *1*
1.1　障がいをもつ立場から見たさまざまな現代交通の問題点　*1*
1.2　車輌の乗り降りのしにくさ　*2*
1.3　ターミナルや建物内の移動のしにくさ　*6*
1.4　情報のわかりにくさ　*8*
1.5　車輌の中での居心地の悪さ　*9*
1.6　運賃の支払いにくさ　*10*
1.7　荷物や子どもを抱えての移動の負担　*11*
1.8　介助する立場の負担と限界　*12*
1.9　公共交通運輸環境への理解を深める教育の限界　*13*
1.10　現代交通の問題点に基づく近未来の国内交通を見るための視座　*14*

第2章　近未来の公共交通に求められるもの ─── *15*
2.1　少子高齢化と国際化への対応　*15*
2.2　ユニバーサルデザインの推進　*17*
2.3　エコデザイン化の推進　*19*
2.4　公共交通環境の国際標準化とその推進に向けた提案　*21*
2.5　効果的で効率的な公共交通とモビリティ社会の創造へ　*22*

第3章　モビリティ社会創造に向けた実例 ─── *24*
3.1　電動低床フルフラットバス　*24*
　3.1.1　フルフラット化が難しかったこれまでのバス　*24*
　3.1.2　電車のモーター車のような新しいバスの発想　*27*

3.1.3　試作の概要　29
　3.1.4　電動低床フルフラットバスの導入効果　32
　3.1.5　電動低床フルフラットバスの検証と利用者・市民の評価　33
　3.1.6　電動低床フルフラットバスへの運転手側の評価　42
　3.1.7　電動低床フルフラットバスへの経営者側の評価　45
　3.1.8　電動低床フルフラットバスへのメーカー側の評価　46
　3.1.9　将来の展開と応用の可能性　48
　3.1.10　まとめ　57
3.2　病院などの屋内を対象にした一人乗り用電動自動運転車　59
　3.2.1　病院内での移動が大変な高齢者・障がい者　59
　3.2.2　看護者の移動支援負担の増大　60
　3.2.3　試作の概要：自動運転技術と電動車技術の融合　67
　3.2.4　電動自動運転車の検証と患者の評価　76
　3.2.5　電動自動運転車の検証と当該分野専門家による評価　80
　3.2.6　まとめ──将来の展開と応用可能性　83
3.3　電動バンを用いた農都共生支援システム　86
　3.3.1　JAの直売所の隆盛と農家の高齢化　86
　3.3.2　野菜の搬入と搬出の支援の必要性　88
　3.3.3　青果物エコ搬送システムの実際　90
　3.3.4　農業と都市生活者を結ぶ情報共有システムの概念と設計　93
　3.3.5　青果物エコ搬送システム・実証実験の評価　99
　3.3.6　まとめ　105
3.4　IoTタグを用いた新しい交通運輸情報サービス　[執筆 東 陽一]　105
　3.4.1　QRコードの隆盛とIoTタグ　105
　3.4.2　IoTタグのインフラコード「ロゴQ」　112
　3.4.3　IoTタグを使った想定される交通サービス　123
　3.4.4　将来の展開と応用の可能性　131
3.5　小型無人飛行機・ヘリコプターによる社会サービス　[執筆 松田篤志]　135
　3.5.1　無人の飛行機・ヘリコプターへのニーズと課題　135
　3.5.2　無人航空技術の現状　139

3.5.3　小型無人航空機を有効活用したサービス　*154*
　　3.5.4　将来の展開と応用の可能性　*160*

第4章　近未来の交通運輸サービス ―――――――― *163*
　4.1　建物の中に車輌が入る社会　*163*
　4.2　医療の質を高める交通運輸サービス　*167*
　4.3　自動運転技術がもたらすもの　*171*
　4.4　公共交通車輌を変える蓄電池技術　*173*
　4.5　海外技術の流入による変革　*176*

おわりに　*179*
索　引　*181*

第1章
近未来の交通運輸環境の問題点

1.1 障がいをもつ立場から見たさまざまな現代交通の問題点

　筆者は，近未来の交通運輸環境の問題点を探るべく，2001年の8月7日から9月6日の1ヵ月間で，全国の身体障がい者・知的障がい者の本人および家族に対して社会調査を行なった。いささか旧聞に属するデータにも思えるが，当該分野の全国的な学術的調査事例が従前少なく，ユニバーサルデザイン化が遅れている現状ではいまだに有用である。

　この調査は，日常的な移動とともに非日常的な移動の状況も振り返ってもらい，一層面的な交通環境改善に向けて，重要な問題を包括的に発見するために行なったものである。

　この調査では，当時の政府による『身体障害者実態調査』，『身体障害児実態調査』，『精神薄弱児（者）福祉対策基礎調査』より，視覚障がい者：聴覚障がい者：肢体障がい者：内部障がい者：知的障がい者の国内人口比率がおよそ1：1：5：2：1である点を割り出した。

　障がい者やその家族を対象にした学術的社会調査の回答率が平均10％前後と低調な状況も勘案して，比が1のグループで有効回答50票獲得をめざした。配布数を視覚障がい者・聴覚障がい者・知的障がい者で各500人，内部障がい者で1000人，肢体障がい者で2500人の計5000人に設定した。配布対象都市の選定については，日常生活の環境や交通環境の差異による移動特性格差も考察するため，都市化の水準に応じ選定した。都市化水準の代理変数として人口密度を用い，人口密度別に「100人未満」，「100人以上300人未満」，「300人以上500人未満」，「500人以上1000人未満」，「1000人以上3000人未満」，「3000

人以上 5000 人未満」,「5000 人以上 10000 人未満」,「10000 人以上」のクラスに全都市を分類した。各クラスの人口比に応じて調査用紙を配布した。

　この全国調査の結果をまずは見ていただきたい。読者の皆さんは，障がい者に特化した社会調査に思われるかもしれないが，障がいをもつ立場による生の声であり，近未来に向けて継続的な改善が必要な項目が多数含まれた重要なデータである。とくに障がいの種類が異なっていても，分析を行なうと，障がいの性質に関係なく急ぎの問題解決が必要と判断している交通環境が多く見つかった。以下では，こうした障がいをもつ立場からの生の声に基づき，近未来の交通環境を考えるうえで改善が必要なポイントを押さえたい。

1.2　車輌の乗り降りのしにくさ

　表 1.1 ～ 1.7 を見ればわかるが，障がいの種類に関係なく鉄道車輌での乗り降りのしにくさについて，「鉄道駅のホームで転落防止棚が未設置の状況」,「鉄道駅でホームと車輌のすき間が広い状況」,「鉄道駅でホームの終端がわかりにくい状況」,「鉄道の駅でホームと車輌の間に段差がある状況」への問題意識が抽出される。社会福祉法人日本盲人会連合の 2011 年の調査によると，視覚障がい者の約 40 % が「ホームからの転落経験あり」と回答している。これに対し，国土交通省もホームドア設置を政策的に推進しており，1 日の乗降者数が 10

表 1.1　全国の視覚障がい者が問題解決が急務と考える 10 の問題 (全等級合計)

順位	問題
1	鉄道駅のホームで転落防止棚が未設置の状況
2	鉄道駅の改札口付近で乗りたい電車の情報が不足している状況
3	鉄道駅でホームと車輌のすき間が広い状況
4	鉄道駅でホームの終端がわかりにくい状況
5	高速道路休憩施設で 2 cm ルール未遵守の状況
6	鉄道駅のホームで乗りたい電車の情報が不足の状況
7	鉄道駅でホームと車輌の間に段差がある状況
8	駅のトイレ周辺で誘導ブロックが非連続な状況
9	港湾施設内で乗船口付近に安定感がない状況
10	駅の改札とホームの間で誘導ブロックが非連続な状況

1.2 車輌の乗り降りのしにくさ　3

表 1.2　全国の聴覚障がい者が問題解決が急務と考える 10 の問題（全等級合計）

順位	問　題
1	在来線特急車内で視覚案内表示が不十分な状況
2	中距離電車車内で視覚案内表示が不十分な状況
3	鉄道駅の改札－ホーム間に公衆ファクシミリがない状況
4	飛行機内の視覚案内表示が不十分な状況
5	通勤型電車車内で視覚案内表示が不十分な状況
6	定期観光バス内で視覚案内表示が不十分な状況
7	宿泊施設の内部で公衆ファクシミリがない状況
8	モノレール車内で視覚案内表示が不十分な状況
9	高速道休憩施設で公衆ファクシミリがない状況
10	一般観光バス内で視覚案内表示が不十分な状況

表 1.3　全国の上肢障がい者が問題解決が急務と考える 10 の問題（全等級合計）

順位	問　題
1	鉄道駅で改札口とホームの間に階段が多い状況
2	鉄道駅でホームと車輌のすき間が広い状況
3	鉄道駅でホームと車輌の段差がある状況
4	高速道路休憩施設内のトイレの身体安定機能が不十分な状況
5	高速道路休憩施設内で 2 cm ルール未遵守の状況
6	鉄道駅で同社別路線への乗換空間に階段が多い状況
7	寺院・神社の境内が未舗装で歩きにくい状況
8	在来線特急車内トイレの身体安定機能が不十分な状況
9	高速道路休憩施設で駐車場と施設の間の段差が解消されていない状況
10	鉄道駅のトイレの身体安定機能が不十分な状況

表 1.4　全国の下肢障がい者が問題解決が急務と考える 10 の問題（全等級合計）

順位	問　題
1	鉄道駅でホームと車輌のすき間が広い状況
2	鉄道駅で改札口とホームの間に階段が多い状況
3	鉄道駅でホームと車輌の段差がある状況
4	寺院・神社の境内が未舗装で歩きにくい状況
5	在来線特急車内のレイアウトにより移動がしにくい状況
6	鉄道駅で同社別路線への乗換空間に階段が多い状況
7	中距離電車車内のレイアウトにより移動しにくい状況
8	高速道路休憩施設で駐車場と施設の間の段差が解消されていない状況
9	高速道路休憩施設内のトイレの身体安定機能が不十分な状況
10	路線バスと改札口の間の信号青時間が短い状況

第1章 近未来の交通運輸環境の問題点

表1.5 全国の体幹障がい者が問題解決が急務と考える10の問題（全等級合計）

順位	問題
1	鉄道駅でホームと車輌のすき間が広い状況
2	鉄道駅で改札口とホームの間に階段が多い状況
3	鉄道駅でホームと車輌の段差がある状況
4	在来線特急車内のレイアウトにより移動がしにくい状況
5	高速道路休憩施設内で2cmルール未遵守の状況
6	駅で同会社別路線への乗換空間に階段が多い状況
7	高速道休憩施設内のトイレの身体安定機能が不十分な状況
8	寺院・神社の境内が未舗装で歩きにくい状況
9	中距離電車車内のレイアウトにより移動しにくい状況
10	高速道路休憩施設で駐車場と施設の間の段差が解消されていない状況

表1.6 全国の内部障がい者が問題解決が急務と考える10の問題（全等級合計）

順位	問題
1	鉄道駅で改札口とホームの間に階段が多い状況
2	鉄道駅で別会社線への乗換空間に階段が多い状況
3	鉄道駅で同会社別路線への乗換空間に階段が多い状況
4	路線バス停から寺院・神社門前までの階段が多い状況
5	路線バスから鉄道改札口までの階段が多い状況
6	タクシー車内から寺院神社門前までの階段が多い状況
7	タクシー車内から鉄道改札口までの階段が多い状況
8	自家用車駐車場から鉄道改札口までの階段が多い状況
9	城郭内に階段が多い状況
10	寺院・神社の境内が未舗装で歩きにくい状況

表1.7 全国の知的障がい者が問題解決が急務と考える10の問題（全等級合計）

順位	問題
1	鉄道駅の改札口で乗りたい電車の情報が不足している状況
2	鉄道駅のバス停で乗りたいバスの情報が不足している状況
3	鉄道駅の電停で乗りたい電車の情報が不足している状況
4	鉄道駅の改札口とホームの間に階段が多い状況
5	鉄道駅のホームで乗りたい電車の情報が不足している状況
6	鉄道駅で別会社線への乗換空間に階段が多い状況
7	鉄道駅で同会社別路線への乗換空間に階段が多い状況
8	鉄道駅のホームに転落防止柵が未設置の状況
9	自宅から最寄りのバス停で乗りたいバスの識別が困難な状況
10	鉄道駅でホームと車輌のすき間が広い状況

万人を超える駅を優先し整備を促進している。しかし該当244駅のうち2014年9月時点で設置されているのは54駅で，20％程度にとどまっている。国内では約9500駅あるがホームドア設置駅は600駅程度で6％台に過ぎない。

　ホームドアは，飛び込み自殺の防止策としても有効であり，健常者の多くもユニバーサルデザインとしての普及を期待している。しかし，モータリゼーションが進み鉄道事業者の経営状況が全体的にきびしく，1mあたり100万円程度，首都圏の通勤電車のような1両20mで10両編成＝全長200mの車輌だとホーム1本1方向だけで2億円程度の出費となり，経営を圧迫する要因になっている。また，鉄道車輌の種類によりドアの位置が異なることも多く，それも普及を妨げる要因になっている。今は，図1.1や図1.2のような従来型のホームドアに加え，図1.3のような鉄道車輌の種類にとらわれないタイプのホームドア

図1.1　ホームの上方部まで覆ったホームドア

図1.2　経費節減で上方部まで覆うのをやめたホームドア

図1.3　鉄道車輌のドアの位置を選ばないホームドア

図1.4　ホームの段差やすき間を解消する装置

も開発されている．ホームと車輌の間の段差やすき間については，図1.4のような解消装置も開発されているが，現状でも駅員がスロープで段差とすき間をサポートする事例が多く見られる．鉄道会社も障がい者や高齢者への接遇教育に力を入れており，資金難でハードによる解決が難しい空間での人的なサポートを手厚くしている．こうした人的サポートによる問題解決は，人と人の新たなコミュニケーションを生み，鉄道会社側にもホスピタリティレベルの向上という新たな効果をもたらしている．

　こうした動向はバス事業でも同じである．一時期はバスも車いす用のリフトを設置する動きがあった．しかし，かなりの高額となり，簡易スロープで運転手が車いす利用者の乗降を支援する方法が今日では一般的である．乗降時に多少の時間がかかるものの，こうした光景が「新しい現実」となってきており，一般市民の理解も得られつつある．

1.3　ターミナルや建物内の移動のしにくさ

　ターミナルや建物内の移動のしにくさについては，障がいの種類を越えて「鉄道駅で改札口とホームの間に階段が多い状況」，「鉄道駅で別の会社の路線への乗換空間に階段が多い状況」，「鉄道駅で同じ会社の別の路線への乗換空間に階段が多い状況」に関する問題意識が高かった．すなわち，駅全体で垂直移動のサポートが脆弱である状況が判明した．これは2001年度の数字であるが，ここ15年の動向を見ても，全国的に見れば垂直移動の解消状況はいまだ低いといわざるをえない．国土交通省の2010年度末時点の統計によれば，各都道府県内で段差が解消された駅が6割を超えたと評される自治体は，埼玉県・東京都・千葉県・神奈川県・愛知県・三重県・京都府・大阪府・兵庫県・奈良県・広島県・香川県・福岡県・沖縄県のみ（ただし沖縄県の鉄道路線はモノレール1路線のみ）であった．東北地方・北陸地方・九州地方の各県は，軒並み10％台から40％台と低迷しており，ユニバーサルデザイン化が面的に遅れていることがわかっている（図1.5）．

　とくに問題なことは，同じ駅に2社以上の鉄道会社が乗り入れていて，A社での整備が進んでおりB社側が遅れている場合である．障がいをもつと一

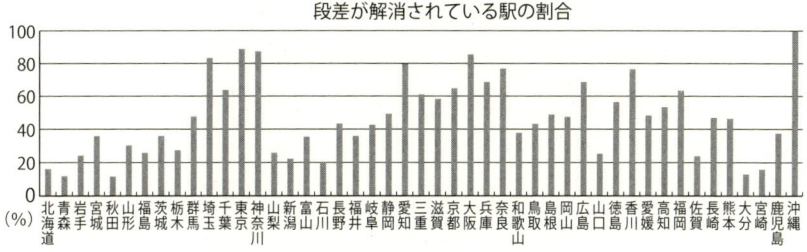

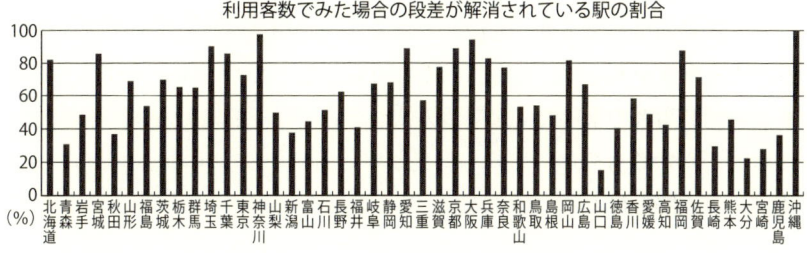

図1.5 都道府県別の段差が解消されている駅の割合［国土交通省，2010年度末データより作成］

般に環境適応能力が落ちるといわれ，整備が進んでいるほうから整備が遅れているほうに行った途端，環境適応ができず，思わぬ怪我に遭う事故が少なからず存在する。たとえば，筆者は石英石を援用した高度防滑性床材の研究に携わっていたが，その際に，床材の違いでそれに慣れずに転倒する高齢者や障がい者が多いという事実を鉄道会社やバス会社へのヒヤリングで知った。駅によっては，A社の改札口を出て，行政が管理する通路を通りB社の改札内に入るような所も多い。通路管理者のスタンスの違いで思わぬ事故が引き起こされる。

交通環境改善について，筆者は3つポイントがあると常日頃から講演や講義で話している。それは「時間的に一時点でなくロングタームなユーザビリティで改善策を考えているか」，「ハードとソフトに矛盾がなく一貫性があり，効果的に棲み分けができているか」，そして「空間的な継続性がとれているか」である。3つとも重要であるが，とくにアクター間のスタンスの違いが出てしまい，空間的な連続性がとりにくい状況である。モビリティの確保によるホスピタリティレベルの向上を実現するうえでも，この3つは大切な視座である。まさに，さまざまな交通関係の知を融合させる学際的姿勢が必須である（**図1.6**）。

図 1.6 東海道新幹線の各駅では同一の防滑性床材を敷設し，面的に安全を保つ

1.4 情報のわかりにくさ

　障がいの種類を越えて，「鉄道駅の改札口付近で乗りたい電車の情報が不足している状況」，「列車内で視覚案内表示が不十分な状況」，「飛行機内で視覚案内表示が不十分な状況」，「鉄道駅のバス乗り場で乗りたいバスの情報が不足している状況」が指摘されている．総体的に，鉄道やバスの乗り場での乗りたい車輌に関する情報の不足，車輌内の視覚案内表示の不足，の2つの大きな問題を把握できた．あわせて乗降から車内まで，おおむね面的に視覚関係の情報提供が十分でないことがわかった．これについては，調査した2001年以降に携帯電話やスマートフォンが普及し，重厚長大なモニターの設備が不要になり，たとえば鉄道やバスのロケーションシステムもスマートフォンに移行し解決が図られた．

　重厚長大なインフラは個人向けのカスタマイズができないので，個別のニーズまたは障がいに合わせた情報の享受が難しい．しかし，スマートフォンであれば，アプリケーションをダウンロードしカスタマイズすることで，自分が欲しい情報を入手できるようになる．1994年，筆者が慶應義塾大学SFCに入学し，JR東日本の寄附講座「交通運輸情報プロジェクト」で研究を始めたころは，いかにウェアラブルコンピューティング環境の下で交通運輸情報を適切に個人が満足する形でサービスしていくかが，いちばんホットな話題であった．今日のアップルウォッチに代表されるスマートウォッチ実現を夢見て議論をしていたころである．私は講演や講義などで，交通運輸情報分野ではいかにインフラ

志向の「重厚長大」をモバイル志向の「軽薄短小」にできるかがユニバーサルデザインの一大テーマであるかを日々説いている。おもてなし度を高めるモビリティ社会の実現を考えるうえでは，重厚長大から軽薄短小の考え方もきわめて重要で大切にしたい。

1.5 車輌の中での居心地の悪さ

上記の障がい者全体の 10 大指摘には入らないが，この十数年で車輌面での問題も顕在化している。たとえば，バス事業者にヒヤリングすると全国的に同じ回答が返ってくる。それは，「ノンステップ車輌とかワンステップ車輌とか書いてあっても，後部に大きな段差があり，車いすでの流動性が悪く，足の悪い高齢者にも不親切」という点で，このことに関する苦情が多いという。これは，伝統的にエンジンを後部に置くバスの製造方法に起因するもので，少なくともエンジンベースの車輌開発が続くかぎり，問題解決は難しい状況である（図 1.7）。鉄道車輌にしても，バブル経済以降，眺望を重視した高級感あふれる優等列車が増え，結果的に段差を解消できずに使用せざるをえないパターンも目立っている（図 1.8）。こうした旧来からのデザインと求められるユニバーサルデザインの機能の相克が生まれることも多い。こうした事例は，将来を見据えたロングタームユーザビリティや柔軟な可変性を考えてこなかったつけである。まさしく，交通環境を開発するうえでのロングタームユーザビリティや可変性検討の重要性をわれわれに教えてくれる事例である。

図 1.7 リヤエンジンベースの車が主流の日本では，大きな段差が後部に起きやすい

図 1.8 段差がある眺望のよい車輌の段差を一部カットした事例（富士急行）

図1.9 歴史的価値とユニバーサルデザインの機能が対立した例：大阪城の外付けエレベーター

図1.10 歴史的価値とユニバーサルデザインの機能が対立した例：善光寺のスロープ

　交通環境ではないが，観光環境に目を移すと，最近は大阪城，岡山城，金沢城，唐津城，名古屋城などにエレベーターが設けられたり，善光寺にスロープが設けられており，歴史的な価値を守りたい人々とユニバーサルデザインの機能優先を求める人々とで意見対立が起きている（**図1.9**，**図1.10**）。こうした価値観の対立というのも，デザインの世界に必ず存在する。モビリティ環境創造ではこうした価値観の対立の調整というのも大切である。

1.6　運賃の支払いにくさ

　運賃の支払いも障がいをもつ立場からすると改善を期待したい項目である。自動券売機の下に足が入らず車いすのままでは使いにくかったり，タッチパネルやボタンが押しづらく買い間違いが発生したりと，運賃の支払いにくさも大きな問題になった。
　ロナルド・メイスのユニバーサルデザインの7原則のうち，「少ない身体的努力」の代表例として，近年，JR東日本のSuicaに代表されるICカードがあげられるようになった。障がい者に調査を行なった2001年からこの15年間で，カード式のほかにクレジットカードと決済がリンクしたモバイル方式やオートチャージ技術も波及し，運賃の支払いのしやすさは格段に向上した。JR東日本の統計によれば，Suicaを導入した2001年を100％にして，切符をつくる

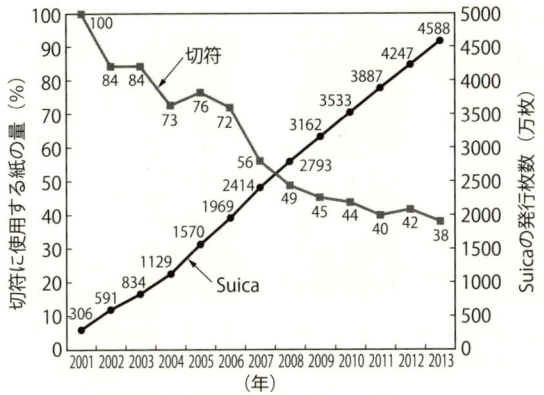

図1.11 Suicaの発行枚数と切符に使用する紙の量の関係性を視覚化したグラフ
［JR東日本，https://www.jreast.co.jp/eco/circulation/ より改変］

ための紙の量は2013年に38％にまで少なくなり（**図1.11**），Suicaはまさにユニバーサルデザインとエコデザインの融合の好例の一つになった。場所によって乗車券発行機の更新をしない事例も散見されるようになり，交通事業経営的な側面でも軽薄短小化の好例になった。

1.7　荷物や子どもを抱えての移動の負担

　障がい者や高齢者，さらには親子連れ，海外旅行者など，荷物運搬の負担も移動する際には大きい。とくに近年，ベビーカーを利用する際に車内利用を折りたたみ原則にするのか，そのまま子どもを載せたまま乗車可能にするかで，社会的に論争が起こったことは記憶に新しい。全国の男女300人（男性107人，女性193人）に「電車の中でベビーカーに関して『迷惑だ』と思ったことはあるか」と質問したところ，「はい」との回答が33.3％にのぼった（マイナビニュース調査，2014年）。一方，2014年には，3月に国土交通省が「ベビーカー利用にあたってのお願い」と「ベビーカーマーク」を公表した（**図1.12**）。国土交通省は，電車やバスなどの公共交通機関の車内でベビーカーをたたまず使用してもよいとする共通ルールを決めた。同年5月にこれらの啓発キャンペーンも行ない，理解促進に努めた。

図 1.12　国土交通省によるベビーカーマーク（2014 年 3 月）

　覚えておく必要があることは，公共交通機関などにおけるベビーカー利用に関する協議会のデータによると，子連れの保護者はベビーカーを含め約 20 kg 分を抱えて移動している計算になるという。外出時にはおむつなども持ち，さらに重くなるものと予想される。

　こうして荷物や子どもが移動の負担になり，時に思わぬ怪我の原因になることがある。いわゆる移動抵抗を大きくさせる要因であり，時代の要請からか，2001 年 3 月 31 日に廃止となった東京駅の赤帽（駅構内の入口から待合室や列車へ，あるいは逆に列車から待合室や駅の出口まで旅客の荷物を運搬する人のこと）も，2012 年 10 月 1 日にヤマト運輸の手により復活した。これは，2006 年の岡山駅での廃止以来の国内鉄道でのポーター復活であり，記憶に新しいことである。また，箱根登山鉄道のように，鉄道の駅からホテルや旅館までのキャリーサービスを行なう事業者も生まれ，問題解決が進んでいる。

1.8　介助する立場の負担と限界

　近年よく「老老介護」という言葉をマスコミ紙上でも目にする。65 歳以上の高齢者が，さらにその上の親や兄弟を介護する事例が増えてきた。まさに介助を行なう家族や親類，ボランティア活動の人も高齢化しており，その体力的・精神的な限界というものを考えなければいけない状況である。一方で，前述のように鉄道駅の駅員やバスの運転手も高齢者や障がい者の接遇教育を受けて実践がなされているが，とくに鉄道駅での場合は合理化で駅員数も限られており，

十分なサポートを効果的に行なえない事例も懸念事項としてあげられている。そこで現在は，駅ボランティアというしくみも生まれている。たとえば，横浜市営地下鉄が2004年度に導入した例がある。同じ駅に乗り入れる他の鉄道事業者やバス事業者にも協力を求め，駅周辺も含めた空間連続的な取り組みが必要であったり，常駐型にした場合のボランティア運営の多大な労力が課題である。だが，効果的で効率的にホスピタリティレベルを上げる有効手段として期待される。

1.9 公共交通運輸環境への理解を深める教育の限界

日本は先進国の中でも初等教育レベルから高等教育レベルまで，公共交通運輸環境への理解を深める教育時間が少ないと評されている。その結果は，たとえば公共交通運輸環境の改善に向けた税金の支払意思が日本国内では低いことにつながっている。同時に，その費用を自家用車の環境整備に充てたいと考えている。近年，小学校などで総合学習の時間が増え，以前よりは筆者も交通教育プログラムの講師に招聘されるケースが確かに増えているが，いまだに総体的な教育時間は短いのが実情である。モビリティの向上を通じたホスピタリティレベルの維持を考える場合，公共交通運輸に対する姿勢を養うことも必要

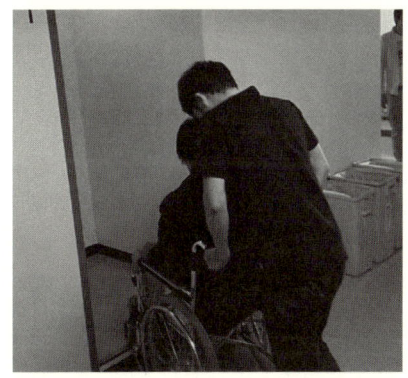

図1.13 東京都市大学都市生活学部講義（西山担当）「福祉のまちづくり」で行なっている車いす試乗・介助体験

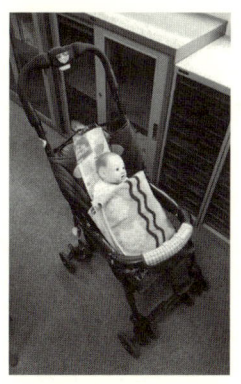

図1.14 赤ちゃん人形を乗せたベビーカーの体験教育も有効

である．たとえば，公共交通空間での利用者に対する接遇方法の体得が社会的に求められる．こうした教育部門での環境改善も交通の質的向上で必須である．

たとえば，筆者が東京都市大学都市生活学部で担当する専門科目「子どもの環境と福祉住環境（福祉のまちづくり）」では，積極的に高齢や障がいをもった状態での移動を模擬体験させて，当事者の視線で人の移動を考えられるよう工夫している．たとえば，車いす試乗・介助体験（図 1.13），アイマスクによる視覚障がい体験，幼児視野体験眼鏡の制作と実践，妊婦体験，ベビーカー体験（図 1.14）などをプログラムに含めている．学生や同僚の教員からも好評で，こうした当事者の体験も公共交通運輸環境への理解や創造能力を高め，モビリティ社会の構築で重要である．

1.10　現代交通の問題点に基づく近未来の国内交通を見るための視座

改めて，現代交通の問題点を見て，移動の権利＝モビリティを確保し，おもてなし度の高い国内社会を現実的に創り上げるうえでの基本的視座を整理すると，次のとおりになる．

- 「時間的に一時点でなくロングタームなユーザビリティで改善策を考えているか」，「ハードとソフトに矛盾がなく一貫性があり効果的に棲み分けができているか」，「空間的な継続性がとれているか」の 3 条件を意識しながら，近未来の交通像を描いてみる．
- ウェアラブルコンピューティングの進展に伴い，従前のインフラ志向の「重厚長大」をモバイル志向の「軽薄短小」にできるかを十分に意識し，近未来の交通像を描いてみる．
- 従来の一過性的交通環境開発を反省し，将来を見据えロングタームユーザビリティと柔軟な可変性を考える．また，交通環境の機能改善に対する要件（たとえば，施設の歴史的見地や審美性などのデザイン要件）も広い視野で見据え，近未来の交通像を描いてみる．
- 必ずしもハードに頼ることはなく，交通ボランティアの育成や初等教育からの公共交通運輸環境教育を行ない，ソフトの重視を見据えながら近未来の交通像を描いてみる．

第2章
近未来の公共交通に求められるもの

　本章では，これから将来の公共交通に求められるものや創造上の要点をまとめたい。

2.1　少子高齢化と国際化への対応

　これは周知のとおりであるが，とくに日本国内では少子高齢化が深刻な社会問題である。内閣府資料（http://www8.cao.go.jp/kourei/whitepaper/w-2014/gaiyou/s1_1.html）によると，わが国の総人口は2013年10月1日現在で1億2730万人，うち65歳以上の高齢者人口が過去最高の3190万人にのぼった。総人口に占める65歳以上人口の割合である高齢化率は過去最高の25.1％になった。この高齢化率が2050年には38.8％になり，また2060年には40％にのるかのらないかのレベルになると予想されている（**図2.1**）。

　人口が減少しつづけることも忘れてはいけない。日本の総人口は，人口減少が断続的に続くものと予想されている。2026年に人口1億2000万人を下まわり，2050年に1億人を割って9913万人，2060年には8674万人にまで総人口が減少すると推計されている。一方で，出生数も減少を続けるものと予想されている。2060年には出生数が48万人になると推計されており，2046年には0～14歳の年少人口が1000万人を割ると予想されている。さらにそれが2060年には791万人となり，現在の半分以下になると推計されている。出生数の減少＝生産年齢人口減少であり，2030年には6773万人と7000万人を割り，2060年には4418万人まで落ち込むと推計される。2015年時点で高齢者1人に対して現役世代2.3人になっている。しかし高齢化率が上昇し，現役世代の割

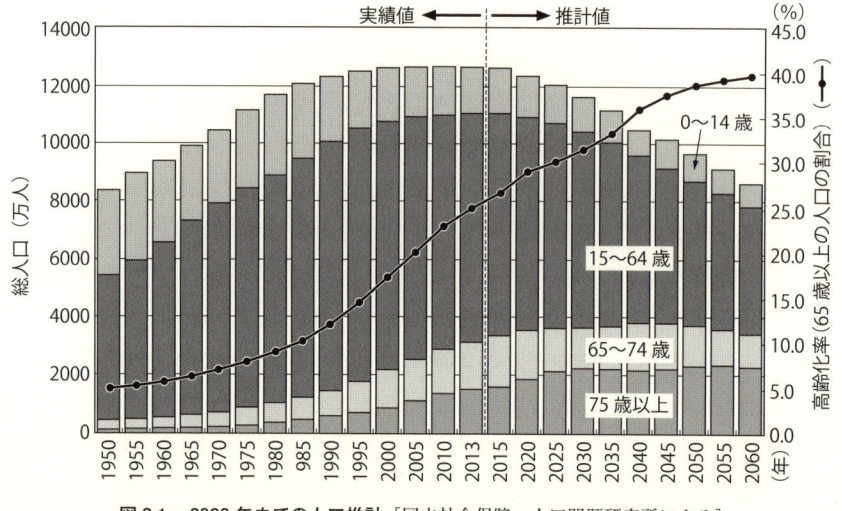

図2.1　2060年までの人口推計［国立社会保障・人口問題研究所による］

合が低下して，2060年には1人の高齢者を1.3人の現役世代が支援する構図になる。

　一方，法務省の資料によると，2012年7月9日から施行の新在留管理制度の対象となる中長期在留者の数は2012年末で165万6514人，同年末の特別永住者数が38万1645人で，中長期在留者と特別永住者を合わせた在留外国人数の合計が203万8159人にのぼっている。企業や大学などの研究教育機関のグローバル化が進むことは今後も確実であり，こうした中長期の在留外国人も今後いっそう増えていくはずである。日本人総人口が減るため，人口の割合として見れば外国人の占める割合がいっそう高くなると予想できる。

　ロングタームで見ると，こうした社会的構図を念頭に，交通環境のユーザビリティを高める必要がある。とくに日本国内で議論が必要なことは，「技術動向も見据えつつ，いつ（When），どこに（Where），どのような技術をどのくらい（What・Which），誰が（Who），どのように（How）投入していくのか」，交通政策の5W1Hの長期的意思決定プロセスが手薄な点である。日本国内ではモータリゼーションが進んで，30台以上保有のバス事業者の80％以上が赤字の状況をはじめ，事業成立すらしない公共交通事業者（鉄道・バスおよびタク

シー）が多数存在する状況である．交通事業収入も減少するし，生産人口の減少で交通インフラ整備に充てる税収も確実に減少する．予算制約がより拡大する．

前述のとおりであるが，政策研究の世界では筆者らが先導しているとおり，交通事業者やそれを支える交通行政の経営状況，技術の導入によるメリットやデメリットを市民にくまなく公平に情報公開し，社会調査により明らかにした市民の支払意思額から，技術導入に対して市民がより客観的に判断する必要技術量をシミュレーションする研究が鋭意進められている．こうして公正中立な立場の研究者が中心に入り，交通の事業者・行政と市民をリンクさせ，未来の交通像の意思決定を利害関係者全員で行なえるような学際的研究アプローチが，交通政策構築の現場でさらに援用されることが将来にわたり期待される．

2.2 ユニバーサルデザインの推進

日本国内でも，高齢化の進展に伴い，公共交通環境創造の最重要な視座の一つとして，「バリアの除去」が位置づけられるようになった．そこで生まれたのがバリアフリーの考え方である．バリアフリーは「障がい者や高齢者，子ども，外国人などを問わず，誰もが生活を営むうえで支障がないよう，商品をつくったり建物を設計したりすること．ただし，後からの改良も含める」と定義される．国内でも1995年『障害者白書』で「4つのバリア」として，物理的バリア，制度バリア，文化・情報バリア，意識のバリアに分類し，子どもも検討するように促した経緯があり，以後，障壁除去が各分野で進んできた．

しかし，バリアフリーは端的にいえば「後から改良」的な要素が強いデザイン哲学である．ゆえに，環境により改良の技術的な難しさが多数生じ，後から対応により少量生産が多く多様な無駄も派生した．結局は，多くのお金と時間を使ってしまうという問題が顕在化した．そこで「最初からいつでもどこでも導入可能」，「最初から標準化して大量に生産可能」，「標準化と大量生産で安価を実現可能」な3要素を実現できるアメリカのユニバーサルデザインに，2000年を過ぎるころから国内への注目がシフトしていった．

- バリアフリー：障がい者や高齢者等特定の人への特別な対策の色が濃い．

すでにあるバリアに対処する後付けの方法が中心の考え方。
- ユニバーサルデザイン：障がいの有無・年齢・身体の大きさ・性別・国籍・人種などにかかわらず，誰もが利用できるように最初から支障が取り除かれたデザイン。

ユニバーサルデザインの誕生は，米国で戦傷兵士の問題がクローズアップされた（第二次世界大戦後とくに顕著に）ころに遡る。生き残った多数の兵士の怪我も国に殉じた結果だから何とかしなければならないという風潮が出てきて，ロナルド・メイスによる 1985 年のユニバーサルデザイン提唱につながっている。その後，アメリカ障がい者法（障がいをもつアメリカ人法とも邦訳される）が 1990 年 7 月に制定された。ADA 法は「障がい者の公民権法」ともいわれる。雇用や交通機関，公共施設の利用，言語・聴覚障がい者の電話利用など，官民を問わずにさまざまな分野での障がい者差別を禁じており，社会参加機会の平等を保障する法律である。平等の機会を与えないこと＝差別と法律で国家的スタンスを明らかにしているところが，ADA 法が国際的に評価される点である。アメリカは「誰もが当事者になりうること」をベースに法律を整備した点も評価される。

これに対して，日本国内でも 2006 年に「高齢者，障害者等の移動等の円滑化の促進に関する法律」（通称，バリアフリー新法）が制定されている。日本のバリアフリー新法は手すりや点字ブロックの設置などの多くの改良施策で，法で定める範囲内での対応を「努力目標」にしている。一方の ADA 法では，公共空間で障がいにより利用が不可能ならばそれ自体を差別と規定して「違法判断」をしており，法的拘束力に大きな違いがある。この法的拘束力の弱さが，移動権＝モビリティを基本的人権に規定しようとする現在の国内の動きにつながっている。制度面でも日本はアメリカの後塵を拝する状況である。

ユニバーサルデザインには，ロナルド・メイスによる 7 原則がある。この 7 原則を満たすことで移動権が確保され，おもてなし度の高いモビタリティ環境が創造される。7 原則は原文で，(1) Equitable Use, (2) Flexibility in Use, (3) Simple and Intuitive, (4) Perceptible Information, (5) Tolerance for Error, (6) Low Physical Effort, (7) Size and Space for Approach and Use となる。順番に邦訳すると**表 2.1** のように整理される。

表 2.1 ユニバーサルデザインの 7 原則

1.	公平性	すべてのユーザーが等しく利用できる
2.	柔軟性	使ううえで自由度が高い
3.	単純性	簡単で直感的に使用できる
4.	認知性	感覚でわかる情報
5.	安全性	エラーに対応できるデザイン
6.	効率性	楽に使用できる
7.	スペース	利用しやすい大きさと空間

Ronald L. Mace（1997）より。

2.3 エコデザイン化の推進

　21 世紀に入り，環境に配慮して製品を設計する「エコデザイン」のコンセプトおよびデザイン哲学が世界的に重要視されつつある。米国カリフォルニア大学建築学科名誉教授のシム・バンダーリン（『エコロジカル・デザイン』の著者として有名）らが提唱したデザイン概念である。エコデザインとは，一般に「製品の生産・使用・リサイクル・最終廃棄などのすべての段階で環境保全と経済性に配慮したデザインおよびその生産技術」を指す。消費者に提供される製品やサービスから，資材調達・製造システム・物流システム・廃棄など，製品のライフサイクルすべての段階まで環境に配慮した企画と設計を行なうことが広義のエコデザインの範疇として捉えられており，2 年に一度開催されるエコデザインの国際会議でも，発表論文数の増加や分野の広がりが顕著である。

　シム・バンダーリンは，エコロジカルな観点でデザインという行為を見直すために，エコデザインの 5 原則を発表した。以後，エコデザインを行なう際のルールとされている。

〈シム・バンダーリンによるエコデザインの 5 原則〉
　(1) 答えは場所にある（Solutions grow from place）
　地球上のすべての地域の環境や特性を活かすようなエコデザインを行なう。持続可能な解決と発展には，特定の場所がもつ独特な自然と文化的特質を尊重し，理解する必要がある。

(2) エコ収支がデザインの方向を決める（Ecological accounting informs design）

エコデザインの基礎としてLCA（life cycle assessment；環境影響評価）を置く。人間活動すべてのコストが測定できる経済の法則が必要との立場でシム・バンダーリンは「エンバイロノミックス（environomics）」を提唱。エコ収支＝物質やエネルギーの循環にかかわる収支や地球環境に及ぼす影響までを考え，デザインを決定すべきとしている。

(3) 自然のしくみに沿ったデザインを行なう（Design with nature）

自然には，風の流れ，水の流れ，生態系の循環など，さまざまなシステムが内在している。エコデザインでは，そうした自然みずからがもつプロセスおよびパターンを有効に利用する。

(4) 誰もがデザイナーである（Everyone is a designer）

エコデザインでは，企画・設計する人のみならず，すべての人が計画し，行動し，実行することが求められる。デザインは専門家のものではなく，そこに住む人々が自分たちのニーズに合う解決策をつくり出すことこそデザインと定義。あわせて，初等教育の段階から子供たちにエコロジーを意識したデザインを教え，エコデザインの能力を高めていく必要がある。

(5) 自然のしくみを視覚化する（Make nature visible）

エコデザインが，自然に対する意識や関心を高めるものでなければならない。自分の食物，水，電気がどこからきているかのプロセスが見えず，結果的に自然に対する関心や想像力が低下することが問題である。こうした自然のしくみを視覚化して感じられるデザインにすることで，自然とデザインの間の協調関係を学ぶ機会が生まれることになる。

エコデザインの5原則は上記のとおりである。シム・バンダーリンらは，自然を破壊することを環境面でのコストと考えた。われわれを取り巻く自然環境をうまく利用し，エネルギーや資源の浪費を減らしながら「持続可能な社会」を構築しようと考え研究した。

全世界的に見て，地球温暖化の原因となる二酸化炭素の排出量は，運輸部門が全排出量のじつに20％を占めている。そうした背景を受け欧米地域や日本

を中心として，持続可能性のある発展に向け，交通運輸分野でもエコデザインの導入と普及に大きな期待が集まっている状況である。シム・バンダーリンは，エコデザインの5原則のなかで「人は誰でもデザイナー」と定義している。われわれは，生活の全局面で判断や行動をデザインして環境に配慮しなければならない，と指摘している。まさに，このデザイン哲学および精神が現代日本には欠如している。「人は誰でもデザイナー」という視座で交通教育を日本で行ない，モビリティ・ホスピタリティの持続可能性というものを考える時期である。

2.4 公共交通環境の国際標準化とその推進に向けた提案

今日，国際的な公共交通環境創造の根底にある2大ポイントが，「人に優しい」ことと「地球に優しい」ことであることに異を唱えるひとはいない。専門的に表現をすれば，

人に優しいデザイン＝ユニバーサルデザイン
＋
地球に優しい＝エコデザイン

で両方とも満たすデザインが，今後の公共交通環境の国際標準化に向けた視座になる。実際，日本をはじめ世界的に行政が事業者にこの2点を要請するのが世界的な流れである。

表2.2は筆者の試案であるが，ユニバーサルデザイン＋エコデザインが達成されているかを評価するために用いるシートである。単純に，ユニバーサルデザインの7原則とエコデザインの5原則をマトリックスにしたものである。1マス1点にして35点満点で，どこまでユニバーサルデザイン＋エコデザインが達成されているかを適宜デザインプロセスで評価しながら公共交通環境の改善に努めれば，人と地球の双方に優しいホスピタリティレベルが高い環境構築につながる。とくに，1マスに1点を付けるかどうかはシステムデザイン分野で用いられる「価値観・技術・制度のバランス」がとれているのかが現実性の指標になるので，加点の判断基準とする（図2.2）。そうすることで表2.1の指

表 2.2　ユニバーサルデザイン＋エコデザインの評価シート（試案）

	公平性	柔軟性	単純性	認知性	安全性	効率性	スペース
答えが場所にあるのか							
エコ収支を満たすのか							
自然のしくみに合うか							
誰もがデザイナーか							
自然のしくみが見えるか							

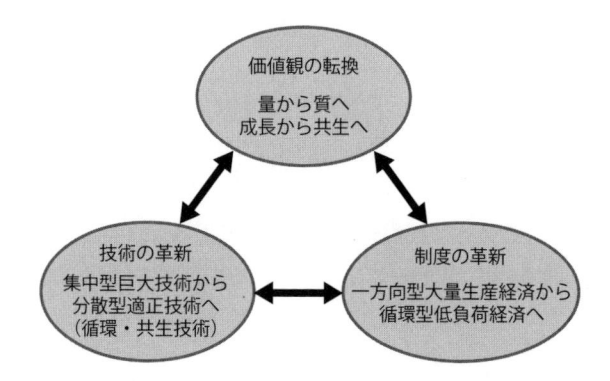

図 2.2　システムデザインで重要視する社会変革の3要素

標は，ユニバーサルデザイン＋エコデザイン＋システムデザインのかけ合わせになり，より信憑性が増す。従前の公共交通環境の研究を国際的に見てもこうした現実性の高いデザイン評価指標がなく，こうした評価基準を国際的に用いていけるようにしていきたい。

2.5　効果的で効率的な公共交通とモビリティ社会の創造へ

改めて表2.2を見ると，ユニバーサルデザインのデザイン的効果だけでなく，エコ収支なども意識され，効率面でも高い公共交通の創造に資する。あまねく移動権の確保による誰もが移動し活動しやすいホスピタリティの高い社会こそが，筆者がめざすモビリティ＋ホスピタリティ＝モビタリティ社会である。ホスピタリティは，人々や物事に対する振る舞い方や態度，心の込め方，相互理解が鍵である。モビタリティ社会を創造するうえでは，ハードやソフトをデザ

インする側の態度や姿勢がより高く問われる．だからこそ，誰もがデザイナーとするエコデザインの哲学と，みんなを包含しようとするユニバーサルデザインの哲学のかけ合わせが大切で，それが世界の人々の相互理解促進に資する．表2.2のようなマトリックスやこの考え方に基づく交通教育も，国際的に期待される．

第3章
モビリティ社会創造に向けた実例

本章から，あまねく移動権の確保による誰もが移動し活動しやすいホスピタリティの高い社会をつくるためのヒントとなる，筆者が主体的にかかわっている事例をいくつか紹介したい。人と地球に優しいユニバーサルデザインとエコデザインが融合したおもてなしの度合いがより高い移動環境をつくり上げるためのデザイン哲学が，そこに多数隠されている。

3.1 電動低床フルフラットバス

3.1.1 フルフラット化が難しかったこれまでのバス

読者の皆さんは，従来ツーステップ方式が主流であった路線バスが，ワンステップバスまたはノンステップバスとなり，低床化が進んでいることはすでにお気づきのはずである。あわせて，バスの車体に大きく「ワンステップ車です」とか，「ノンステップ車です」と書いてあるのに，車輌の後部に行くほど急なステップがある矛盾に気づいているはずである。実際車輌の前部にしかワンステップまたはノンステップの部分がないため，車内の移動がしにくいという苦情がバス事業者に多数寄せられていることは，あまり知られていない。

高齢の読者の皆さんは，幼いころにバスといえばボンネットバスだったという諸兄も多数おられるはずである（図3.1.1）。しかし，高度経済成長期を経て都市交通を中心に通勤も意識した，より大量輸送が可能なバスが必要になり，トレーラーバスのような運転席と車室を分化した車も登場した。ところが，モータリゼーションが進み，こんどはツーマン輸送による人件費高騰が経営を圧迫するようになり，それを意識してワンマンカーが必要とされるようになった。

3.1 電動低床フルフラットバス

当初はキャブオーバー方式という，運転席がエンジンの上にあるバスも国内で開発された（**図 3.1.2**）。バスの車輌にキャブオーバーのレイアウトを採用すると，同一クラスの全長をもつボンネットバスに比べて客室の面積を大きく取れるため，国内でも 1950 年代ごろから採用事例が増えた。しかし日本国内では，よりスペース利用の効率に優れており，ワンマン運行にも対応しやすい前扉設置が容易なリヤエンジンレイアウト（要は後部にエンジンを置く方式）が主流となった。キャブオーバーレイアウトのバスはリヤエンジン方式にとって代わられ現状に至っている。1960 年代中期からは特例を除きバスの車輌はリヤエンジン式になり，後部のエンジンの小型化にも限界があり，現在のワンステップバスやノンステップバスにはその名に反して大きな段差がつくようになった。エンジンを小型化してターボエンジンとの併用で完全ノンステップ化を果たす事例も数例はあったが，エンジンレイアウトと車輌デザインが難しく，最後列

図 3.1.1　エンジンがボンネットの部分にあるボンネットバス

図 3.1.2　エンジンが運転席の下にあるキャブオーバー式バス

のシートをカットせざるをえないために，結果的にコストが高騰して，導入はごく少数に限られた（図 3.1.3）。

図 3.1.4 や図 3.1.5 を見てわかるとおり，エンジン式のバスでは排ガス抑制が難しいばかりでなく，完全ノンステップ化との並立も難しい状況のままで今日に至っており，ホスピタリティレベルの向上が期待できない状況であった。これを問題意識とし，人と地球に優しいユニバーサルデザインとエコデザインが融合したバスを筆者は研究するようになった。

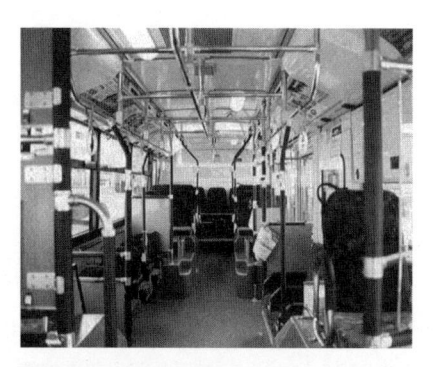

図 3.1.3　限定的に生産されたエンジン車で後部までフラットな車

この方式では，従来の大型車用エンジンが，過給機（ターボ）を搭載した中型車用小型エンジンに変更されている。エンジンが小型化された分，客室面積が広がり，中扉以降の座席が 1 列増設されたものの，特殊なレイアウトがコスト高騰の原因になった。パワー不足の問題もバス会社の労働環境的に問題視されるようになり，結局，導入は限定的なものになってしまった。

図 3.1.4　国産のリヤエンジン式のワンステップバス

ワンステップにしても，段差が最低 1 つ残る。この段差に起因した転倒事故も少なからずあり，事業者の頭を悩ませている。

3.1 電動低床フルフラットバス　27

図3.1.5　3扉のノンステップバス
都市部では乗降時間の短縮のため3扉を積極的に導入するバス事業者も多かったが，ノンステップバス化でエンジン機構のレイアウトが難しくなる一方で，いちばん後ろの扉の配置が困難を極めることになった。結果的に3扉のノンステップバスは，国内ではきわめて特殊なケースになり，普及した台数も限定的である。現存するバスもわずかである。

3.1.2　電車のモーター車のような新しいバスの発想

　近年，高齢者や障がい者の増加に伴って，再び地域密着型の移動手段としてバスが見直されている。その流れを受けて2004年以降，国土交通省もノンステップバス標準仕様を策定し，標準仕様車輌の購入時補助金も用意し，急速にノンステップバスを普及させた。ただし，国産の既存の大型ノンステップバスは，従来型のリヤエンジン式のツーステップ車の技術を援用している。ゆえに前述のように，後部を中心に段差が増えて多客時の対応もより難しいものとなった。さらにバス事業者は地球温暖化防止の観点から，二酸化炭素の削減も監督官庁や地方自治体から年々強く要請されるようになった。バス事業者にはユニバーサルデザインとエコデザインの融合が社会的に求められている。

　この喫緊の課題を前提とし，筆者が教員として所属してきた慶應義塾大学では，大型電動フルフラットバスの研究開発を進めてきた（2009年度環境省産学官連携環境先端技術普及モデル策定事業「電動フルフラットバスの地域先導的普及モデル策定とシステム化の実証研究」（研究代表者は清水浩慶應義塾大学環境情報学部教授（当時）で，筆者は本研究のサブリーダーとして当該車輌試作にかかわるさまざまな実務を担当した）。

　本研究開発の中心的技術は「集積台車」である（図3.1.6）。当時の研究代表者以下，慶應義塾大学のグループでは永年，電気自動車の開発を続けてきた。

28　第 3 章　モビリティ社会創造に向けた実例

インホイールモーター
モーターをすべての車輪に挿入
（高効率，軽量化，有効空間拡大）

タンデムホイールサスペンション
2つの車輪のバネ系が油圧パイプで結合
（乗り心地向上，コーナリング速度向上，有効空間拡大）

コンポーネントビルトイン式フレーム
電池，インバーター，コントローラーを床下に収納
（軽量化，低重心化，有効空間拡大）

図 3.1.6　電車のモーター車のような電気自動車をつくる概念「集積台車」
走行に必要な装置を床下に完全収納して車室を広く確保しようとする電気自動車の新しいデザイン概念である。これを利用することでフルフラットなノンステップバスの製作も可能となる。

その基本的概念は，エンジンをモーターに換装するいわゆるコンバート型電気自動車でなく，ゼロから電気自動車専用のプラットフォームを開発することである。その独創性は，走行に必要な機器の電池やモーター（各ホイールの内側に小型のモーターを取り付けて，大型モーター1つと同じ走行力を維持するインホイールモーター式），インバーターなどを電車のモーター車のように床下に配置するところにある。この技術を集積台車と名づけている（清水，2007）。

本技術をバスに用いれば，利用可能な車室の拡大や，インホイールモーター

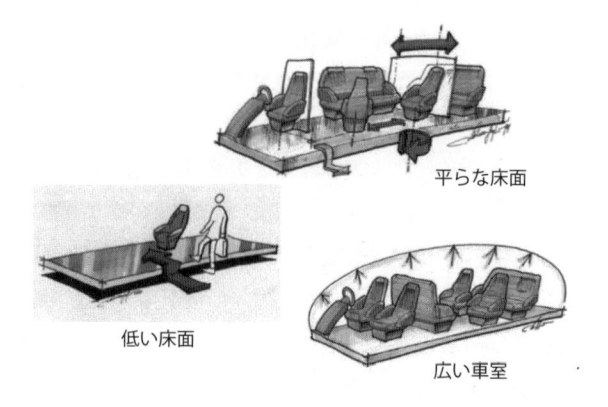

平らな床面

低い床面

広い車室

図 3.1.7　集積台車をバス車輌に用いることの3つのメリット
運転しやすいので高齢者の嘱託雇用にも効果的である。

と多くのリチウムイオン電池による一充電走行距離の伸長，社会的要請であるバリアフリー性の確保などが同時に実現され，利用者サイドのホスピタリティレベルの向上につながる（図 3.1.7）。こうした電気自動車用プラットフォームである集積台車の概念と技術は，まさしくバス事業に強く要請されているユニバーサルデザインとエコデザインの融合という重要課題の解決に資するものである。そこで，研究代表者以下慶應義塾大学では，集積台車技術を活用した大型電動フルフラットバスの開発とその普及戦略構築を研究してきた。

3.1.3 試作の概要

慶應義塾大学で 2009 年から 2011 年にかけて試作した大型電動フルフラットバスは，産（いすゞ自動車株式会社），公（神奈川県，社団法人神奈川県バス協会と協会員バス事業者），学（慶應義塾大学）の体制を軸として進めてきた。開発では筆者が中心となり，慶應義塾大学側と産・公の意見交換機会を増やし，現実性のあるバスに仕立てるように努めた。

安全で安心，強固な車体とすることは，公共交通車輌用の路線バスをつくり上げるうえで重要である。車体には，アルミニウムやポリカーボネートを使用し，可能なかぎりの軽量化を実施した。台車には，新規開発のダイレクトドライブ式のインホイールモーターを装着させ，損失が低減し効率の高い駆動を実現させた。開発した大型電動フルフラットバスの仕様は **表 3.1.1** のとおりに整

表 3.1.1 慶應義塾大学で試作した大型電動低床フルフラットバスの仕様

項目	仕　様
全幅	2490 mm（大型級）
全長	10050 mm（大型級）
全高	2730 mm（通常バス比 −300〜400 mm）
定員	計 49 人（座席定員 21 名（運転席含む），立席 28 名）
重量	11800 kg（総重量）　8600 kg（空車重量）
床面地上高	270 mm（バリアフリー対応）
一充電走行距離	121 km（標準の路線バスの走行距離は 120 km/日以内）
交流電力消費率	900 Wh/km（燃料消費 6 km/l に相当）
登坂力	13.5 %（山岳地帯のバス路線の最大勾配は 9.6 %）
最高速度	60 km/h（路線バスで求められる最高速度）

理される．試作車で白ナンバーのために，定員は49名に当時の制度上制限されているが，実際は定員70名のキャパシティをもつ車である．

電動フルフラットバスに対するバス事業者側の大きな関心事が，一充電の航続距離である．一充電航続距離は，横浜市内での実証走行の結果121 kmである．神奈川県バス協会の会員12事業者に筆者がヒヤリング調査を行なったところ，会員バス事業者の車輌が1日あたり入庫から出庫まで平均120 km程度走ることがわかった．実証走行の結果も加味すると，既存のだいたいのダイヤ要件（通常の運行で求められる航続距離や各種サービスの提供）を満たせる仕様であることも判明した．集積台車の概念および技術を導入することで，最低地上高も

図3.1.8　慶應義塾大学で試作した大型電動低床フルフラットバスのフロントビュー

図3.1.9　慶應義塾大学で試作した大型電動低床フルフラットバスのリヤビュー
フルフラットの象徴として後部に非常口を取り付け，有事の際も逃げやすいように工夫した．

3.1 電動低床フルフラットバス   31

図3.1.10 慶應義塾大学が試作した大型電動低床フルフラットバスの車内
試作のために後部座席下に段差が若干残ったものの，車内の後部までフルフラットな通路になった．

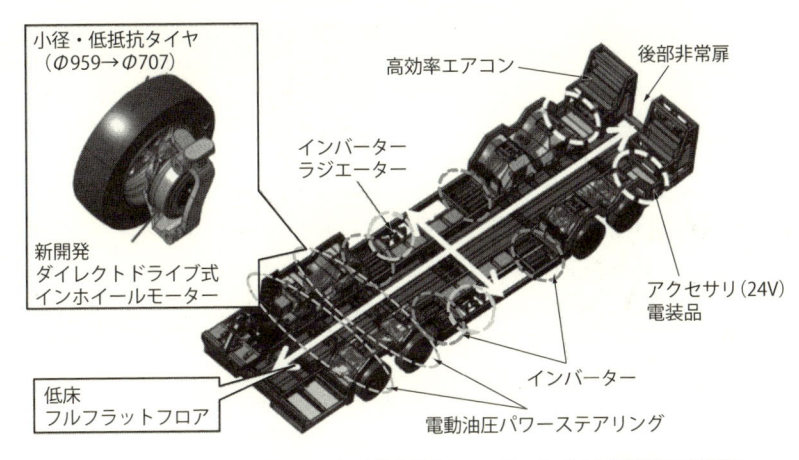

図3.1.11 慶應義塾大学が試作した大型電動低床フルフラットバスの駆動系の構造図

抑えられ，ユニバーサルデザインの水準を向上させることも可能である．図3.1.8が試作した大型電動フルフラットバスのフロントビュー，図3.1.9がリヤビューである．さらに図3.1.10が車輌の車内である．定期的に路線バスのバスジャック事件も起きているが，フルフラットの一つのデザインシンボルとして，非常扉を電車のように後部貫通扉式とし，有事のときも現状より逃げやすいように工夫している（図3.1.11，図3.1.12）．

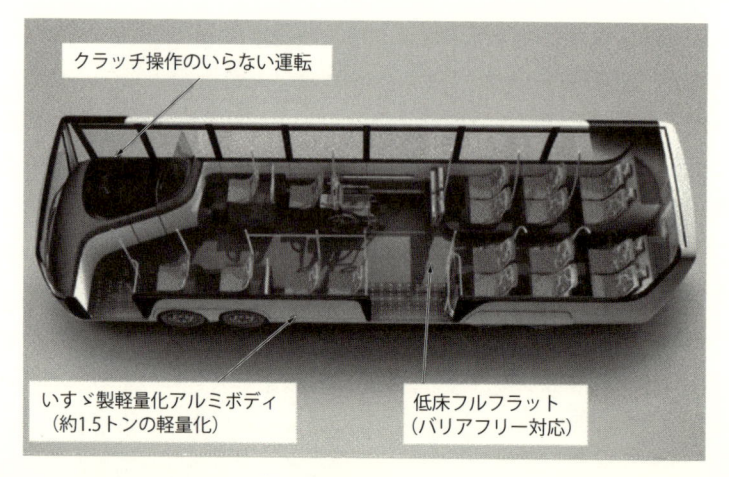

図 3.1.12　慶應義塾大学が試作した大型電動低床フルフラットバスの車内を上から見たところ

低床でフルフラットゆえに乗客に親切。軽量アルミボディは燃費効率の良化につながり経営者によい。クラッチ操作の不要な運転はドライバーに親切――まさに「利用者・経営者・実務者の三方よし」の新しいバス車輌であり，各方面にメリットが高いホスピタリティレベルが総体的に高いバス車輌である。これがモビリティ実現の真髄ともいえる。

3.1.4　電動低床フルフラットバスの導入効果

　社団法人神奈川県バス協会によると，既存大型ノンステップバス（全長10.5 m で全幅2.5 m 水準）は 1 km の燃費が平均38円とのことであった（試作当時，以下同）。一方で，試作した大型電動低床フルフラットバスは同じ大型サイズで 1 km を 8 円（夜間電力使用時）で走る。電動化で 1 km あたり約30円の燃料面のメリットが認められている。路線バスは全国的に見ると，現状の平均で 1 日 120 km，1 年間 300 日走行する。すなわち，30 円 × 120 km × 300 日とすれば大型バス 1 台あたりで年間108万円の燃費削減効果がある。これはランニングコストの大幅な削減につながる。都市部の大型バスは全国平均で，現状12年で廃車時期を迎える。1 台のライフスパンでみれば，年間108万円 × 12年 = 約1300万円の燃費を12年間で抑制可能である。大型バスを500台保有する会社ならば，代替で年間約 5 億円の燃費削減効果が生まれるわけである。これは，既存のノンステップ大型バス（エンジン）のイニシャルコストのじつに約25台分に相当する額である。

　さらに，電動バスは部品点数が少ないため，総ランニングコストから燃費を

差し引いた残りのランニングコスト（部品関係維持費を指す）の約50％を現状から削減可能である（米国 Electric Power Research 研究所調査）．これに基づいて部品関係維持の費用削減額を試算すると，大型で年間約77万円の削減が可能となる．あわせて，既存の内燃機関タイプの大型バスから排出される二酸化炭素排出量は1 km あたりで0.61 kg（国土交通省の2009年度データ）となっている．電気自動車は，走行時に二酸化炭素を排出しないが，これに加え発電時の二酸化炭素の排出を考慮しても，多くの二酸化炭素排出を削減でき，路線バスの沿線にもよりよい影響を与えうる．こうして，大型電動低床フルフラットバスは利用者のみならず，バス事業者への効果も大きい．筆者が調べたところ，バスの運賃は80〜85％が運転手などの人件費にまわる事業者も多い．これに合わせて一度定年を迎えたベテラン運転手を時給制運転手または嘱託運転手で雇用するケースも増えている．60歳を超えた運転手には，部品点数が少なくオートマティックな電動バスのほうが運転がしやすく，ミスも減るものと予想されている．大型電動低床フルフラットバスは，モータリゼーションで経営が厳しいバス事業自体に大きく貢献する車である．

3.1.5 電動低床フルフラットバスの検証と利用者・市民の評価

　当時われわれは，環境省の支援を得て大型電動低床フルフラットバスの実証走行評価試験を行なった．神奈川県バス協会を通じて，実証運行への協力を協会員事業者の神奈川中央交通株式会社と京浜急行バス株式会社に依頼して快諾を得た．実証評価路線に2011年度は，神奈川中央交通「湘23系統・湘南台駅－慶應義塾大学湘南藤沢キャンパス」，京浜急行バス「蒲95系統・蒲田駅－羽田空港」を選択した．いずれも都市内近郊路線で，前者は片道4 km，後者は片道7 kmで，おのおの1日4往復の試走を行なった．続く2012年度は，神奈川中央交通から「湘20系統・湘南台駅－綾瀬車庫」（片道8.7 km）と「辻33系統・辻堂駅－綾瀬車庫」（片道14.7 km）を，京浜急行バスからは「森21系統・大森駅－羽田空港」（片道7.5 km），「4系統・磯子駅－追浜車庫」（片道12.7 km）を供与してもらった．2011年度から2012年度にかけて，上記の合計6路線で電動低床フルフラットバスを日々の運行と同様に各社の運転手に運転してもらい，実証走行を遂行した．なお，2011年度の実証走行で一般利用

者計380名が体験乗車し，評価用紙に回答してもらった．あわせて上記6路線の運転を2ヵ年にわたり担当した両社の合計19名の運転手に対して，運転手向けの評価調査を実施した．さらに経営陣へ評価ヒヤリングを行なった．

走行条件設定であるが，国土交通省が2012年6月に作成した「電気バス導入ガイドライン」によると，「実走行時の電費は乗車人員や走行状況（低速走行・加速頻度），勾配有無，車輌の装備（空調機器やタイヤの種類）等の要因が複雑に作用する」とされている．「走行条件による電費の分布」は，低速走行の影響，加速による影響，利用状況（乗車人員数）の影響，室内空調設備使用の影響，外気温の影響による．上記を重視し，神奈川中央交通・京浜急行バスの現場の意見も聞き，走行の条件と方法は次のとおりに設定した．

(1) 乗車人数を考慮した負荷

2011年度は，インターネットでモニターを公募し，合計380名に乗車してもらった．1回の乗車は着席乗車を前提に5～15名程度となった．2012年度は研究費の制約もあり，次のように模擬的な条件設定を行なった．利用状況（乗車人員数）の違いによる評価データの差異を見るために，少:4～6名程度，中:15名程度，多:30名程度（以上，すべて運転者1名を含む）の3パターンを設定した．なお，通常の運行は平均すると中程度が多いことが想定されることから，中程度の運行データをいちばん多く取るように運行の計画を立てた．1路線9日ないし10日として，2012年度の全4路線で少＝2日と多＝3日に設定し，残りの日を中での運行とした．負荷は20リットル入りのポリタンクに水を満タンにし，中は25個（500 kg），多は60個（1200 kg）を載せることで対応した．運転手を含み平均6名（最少3名から最多10名）が乗車し，すべての行路を運行したことを付記する．

(2) 停留所での模擬停車の有無

2011年度は，路線長が短いため模擬停車は無とした．2012年度は，模擬の停留所で停車し（短い路線で7ヵ所，長い路線で13ヵ所），前扉・中扉を開け調査員が乗り降りをすることを基本とした．加速の頻度の違いによるデータ取得を目的に，各路線で負荷ごとに最低1回は模擬停留所での停車を行なわない運行を実施した．ただし，この場合でも赤信号の停車はせざるをえなかったため，完全なノンストップ走行とはなっていない．

(3) 室内空調設備設定について

2011年度，2012年度とも，室内空調設備の使用の有無による影響データの取得を目的に，エアコンを使用した状況の運行と使用しない運行の両方を試みた。エアコンを使用するか否かは普段の運行状況や試験日の気温を考慮したうえで運転手の判断に任せたが，1走行については同一条件で走行するようにした。この他，ライトや室内灯の点灯の有無，ワイパーや電熱線の使用の有無などについても，可能なかぎりの記録を取るように努めた。

(4) 充電関係作業依頼について

一般的な路線バスでは，朝出庫して夕方以降入庫するまでに，中休み（昼休み）に給油を運転手に指定するパターンが多い。2011年度は筆者が充電を行なったが，2012年度は担当運転手（京浜急行バス15名，神奈川中央交通4名の計19名）に共同研究者のJFEエンジニアリングの超高速給電器（SUPER RAPIDAS）で昼休みに充電をしてもらった。

(5) 各種安全確保対策について

実証走行中の安心と安全の確保のため，バス会社の協力を得て，担当運転手以外にも最低1名の補助運転者に乗車してもらった。また，慶應義塾大学サイドが用意した技術系スタッフも乗車し，レッカー車輛事業者にも連絡を入れておき不測の事態に備えた。

以上の走行条件を前提に，電動低床フルフラットバスの社会的性能の評価結果を以下に述べる。実証走行データに基づき，以下ではその社会的性能の評価結果を説明する。

3.1.5.1 二酸化炭素の削減効果

まず，2011年度および2012年度に実証走行を行なった6路線について，二酸化炭素の削減量の算出と評価を行なった。CO_2の削減効果の試算方法としては，国内クレジット認証委員会で承認された方法論，いわゆる「方法論020：電気自動車への更新」を用いた。

CO_2排出量の排出係数など算定に用いた数値を表3.1.2に示す。なお，電力の炭素排出基数については東京電力の2011年度実績値を使用した。電動フルフラットバス導入前後の削減効果の試算結果は図3.1.13のとおりに整理される。営業運転の模擬走行データを基にCO_2削減効果を試算した結果，一般ディー

表 3.1.2　CO_2 算定に用いた係数と発熱量

燃料（軽油）の単位発熱量	37.7 GJ/kL
燃料の単位発熱量あたりの炭素排出係数	0.0187 tC/GJ
電力の炭素排出係数（2011年度の東京電力実績値）	0.000464 tCO$_2$/kWh

ゼル路線バスから電動低床フルフラットバスに置き換わった際の年間 CO_2 の排出削減量は，エアコンの使用時で 24.2 ～ 48.6 ％，エアコン不使用時で 34.9 ～ 52.5 ％の削減可能性であることがわかった。ただし，取得データの制約上，充放電ロスは考慮できず，実排出削減量よりいささか大きな試算値である。

3.1.5.2　一般利用者による各種インタフェースの評価

筆者は，共同研究者の株式会社三菱総合研究所のウェブサイトで 2011 年度に 18 歳以上の利用者モニター 380 名を集めた。その結果，慶應湘南台線で 219 件，蒲田空港線で 161 件，計 380 件の有効回答を得た。筆者は，当該バスの試乗時に調査用紙を配布し，終了時に回収した。設問内容と分析方針は表 3.1.3 に，結果は図 3.1.14～3.1.16 にまとめた。

有効回答者 380 名のうち 92 ％が男性であった。年齢については 20 歳台から 70 歳台まで幅広い回答が得られた。業種については，運輸関連業務や電気自動車関連業務に従事する回答者が半数を超えた。今回の募集では研究期間の都合もありウェブサイト経由の公募になったため，路線バスの電動化への関心が高い被験者が多くなったものと判断する。あわせて従来の路線バスを通勤や通学などで週に 4～5 往復以上利用する回答者が約 30 ％にのぼり，週に 1～2 往復程度が 23 ％になった。ほとんど利用しない回答者は約 20 ％となった。路線バスを利用する理由は「通勤・通学」が最多で，「バス以外の公共交通がない場合」や「雨天時など天候が悪い場合」との回答が約 20 ％ずつになっていた。

実証走行試験の利用者の総体的な評価は図 3.1.14～3.1.16 のとおりである。総合的評価については，全回答者で「とてもよい」13 ％，「よい」56 ％，「一般の路線バスと同程度」17 ％であった。一方，「悪い」，「とても悪い」の回答が合計で 5 ％であった。モニターの評価結果は 2 路線の合計結果で，おおむね 7 割の試乗者が電動低床フルフラットバスを総合的に高く評価した。あわせて，2 路線の合計の結果を年齢別で分類した結果をみると，各世代から電動低床フ

3.1 電動低床フルフラットバス　37

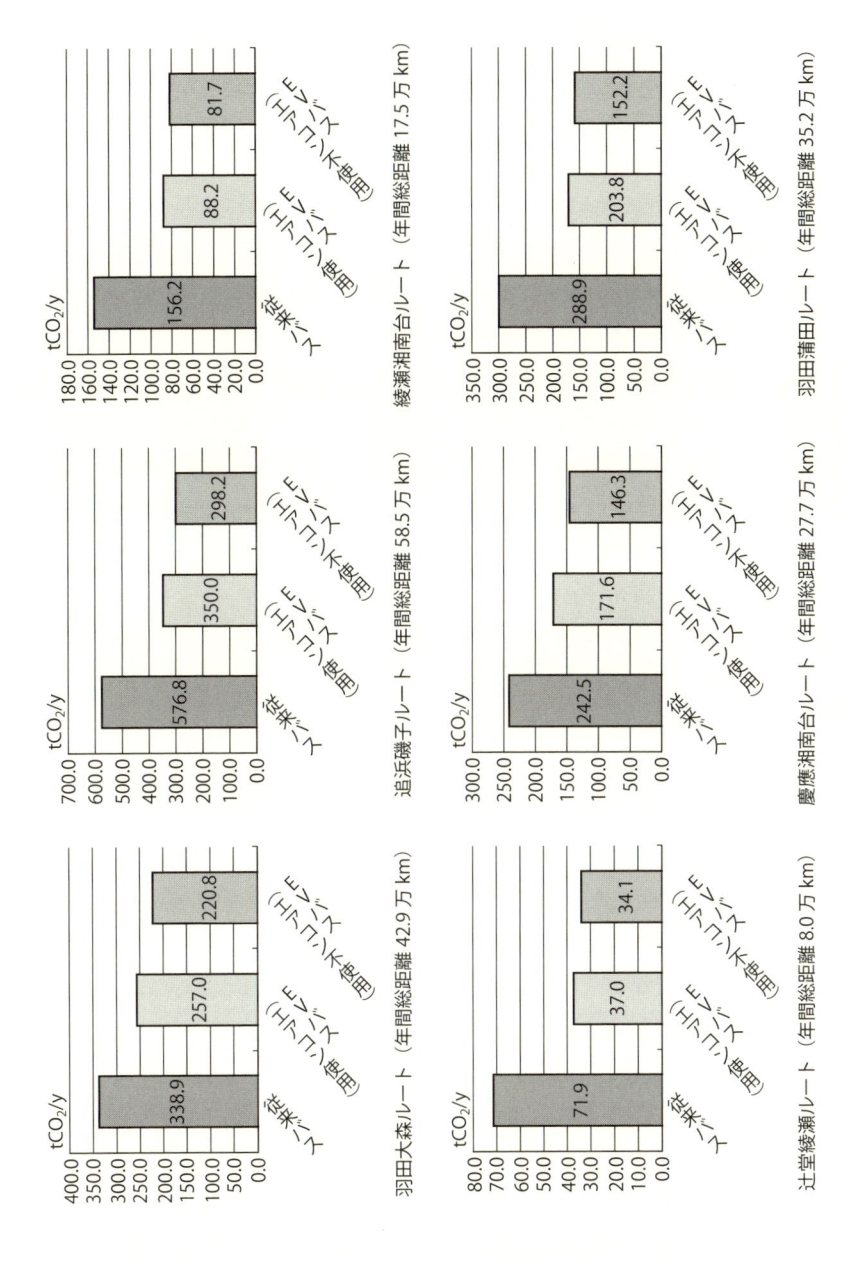

図3.1.13　電動低床フルフラットバスの二酸化炭素削減効果

ルフラットバスに対する高い総合的な評価を得ることができた。ただし70歳台については,「一般バスと同程度」が他の世代と比べて目立っている。これについて具体的に筆者が理由を聞いたところ,床下部の電池・インバーターなどが格納されたフレームのサイズが大きくなり,ステップの高さがやや高く

表 3.1.3　モニター調査の設問内容と分析方針

	設問内容	分析方針
回答者の属性	性別,年代,通常の移動手段,路線バスの利用頻度,既存の路線バスの満足度,電動低床フルフラットバスに感じていた印象・期待など	回答者の特徴把握および属性情報に基づくクロス集計など
電動低床フルフラットバスに試乗しての評価	乗降性,乗り心地,環境性能など	期待と実際とのギャップ,車の改善方向性の分析など
電動低床フルフラットバスの選択の条件	料金を評価の軸として,一般路線バスと比べたときに電動低床フルフラットバスを選ぶ条件など	電動低床フルフラットバス利用者の増減効果についての分析
その他	自由意見など	

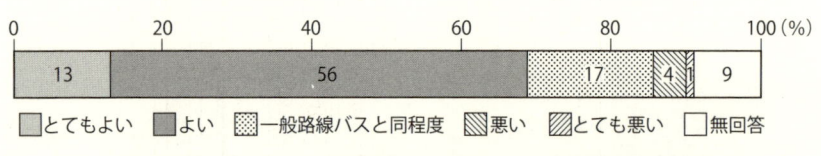

図 3.1.14　全モニターの電動低床フルフラットバス試乗後の総合評価

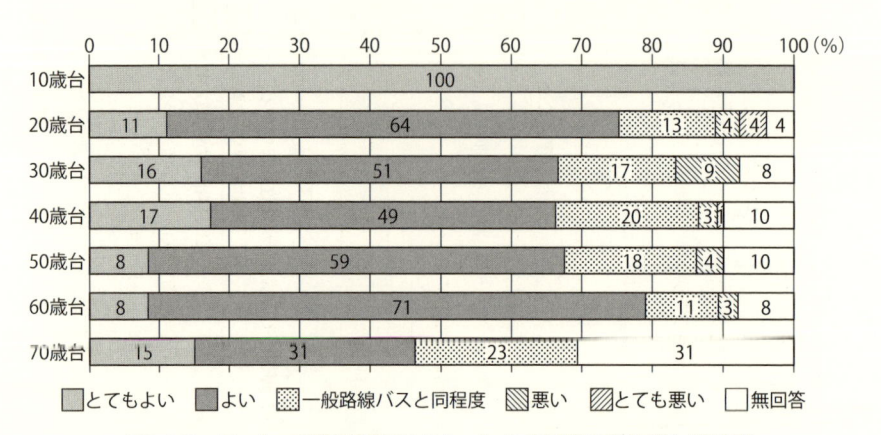

図 3.1.15　モニターの電動低床フルフラットバス試乗後の総合評価（世代別）

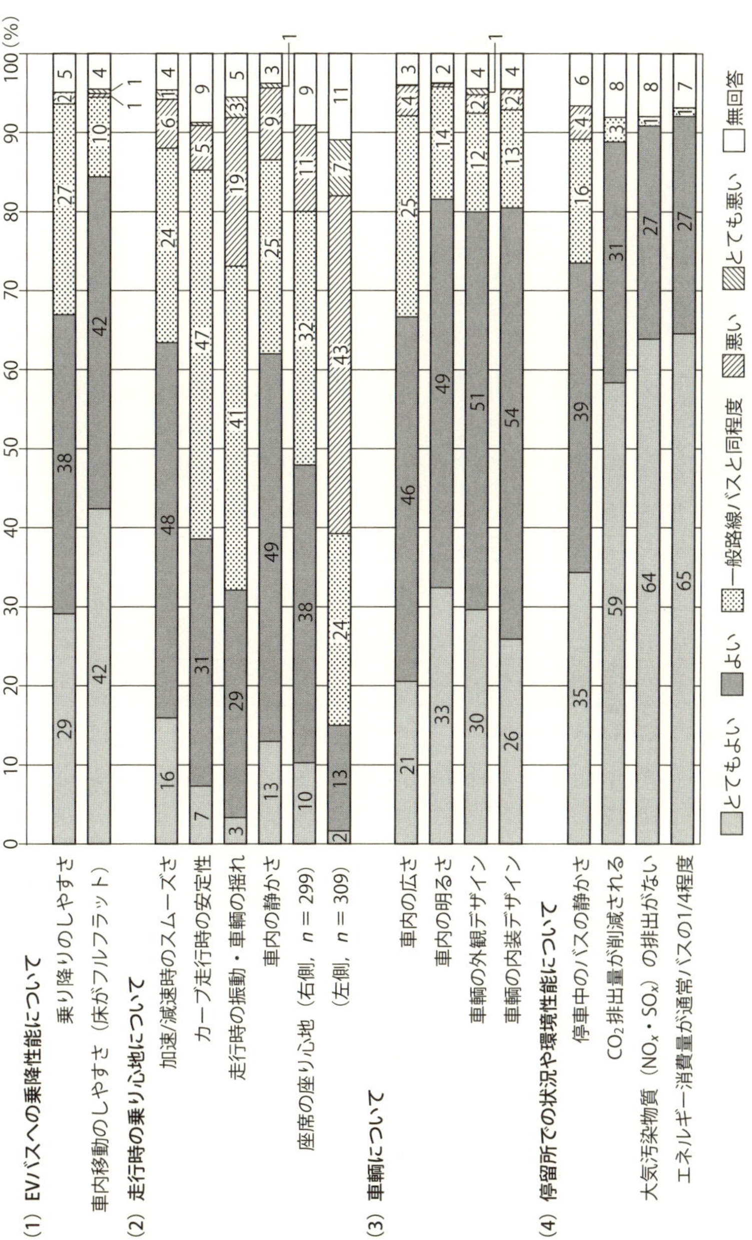

3.1 電動低床フルフラットバス　39

(1) EVバスへの乗降性能について
- 乗り降りのしやすさ
- 車内移動のしやすさ（床がフルフラット）

(2) 走行時の乗り心地について
- 加速減速時のスムーズさ
- カーブ走行時の安定性
- 走行時の振動・車両の揺れ
- 車内の静かさ
- 座席の座り心地（右側, n = 299）
- （左側, n = 309）

(3) 車両について
- 車内の広さ
- 車内の明るさ
- 車両の外観デザイン
- 車両の内装デザイン

(4) 停留所での状況や環境性能について
- 停車中のバスの静かさ
- CO_2排出量が削減される
- 大気汚染物質（NO_x・SO_x）の排出が少ない
- エネルギー消費量が通常バスの1/4程度

凡例：とてもよい／よい／一般路線バスと同程度／悪い／とても悪い／無回答

図 3.1.16　モニターの電動低床フルフラットバス試乗後の評価（項目別）

なってしまったことに起因している．本課題は電池の小型軽量化・薄型化で解決可能である．

- 電動低床フルフラットバスへの乗降性能について
  とくに「車内移動のしやすさ」について電動低床フルフラットバスの評価が高かった．床がフルフラットなために，既存のバスと比較して移動がしやすいと評価されている．

- 電動低床フルフラットバス走行時の乗り心地について
  「カーブの走行時の安定性」や「走行時の振動・車両の揺れ」については，"一般路線バスと同じ程度"もしくは"悪い"の評価が60％を超えている．本点については今後の改善項目として抽出された．一方で，「加／減速時のスムーズさ」と「車内の静かさ」については，"とてもよい"および"よい"の回答が60％を超えた．ただし，"一般路線バスと同程度"との回答も25％で，電動車輌のよさを出すためにさらなる研鑽が必要である．

- 電動低床フルフラットバスの車輌デザインについて
  「車内の明るさ」，「車輌の外観のデザイン」，「車内のデザイン」では，"とてもよい"および"よい"が80％を超え高評価を得た．「車内の広さ」についても高い評価を得た．

- 電動低床フルフラットバスの環境性能について
  「二酸化炭素排出量」，「大気汚染物質（NO_x/SO_x）排出量」および「エネルギー消費量」などの環境性能は，"とてもよい"と"よい"で90％になり，かなり高い評価を得ている．

- 市民の電動低床フルフラットバスに対する利用意思
  筆者は，試験走行と並行で，インターネットを通じ一般市民への利用意思調査も実施した．その結果，約5割以上の回答者が，電動低床フルフラットバスが普及したときに日常的な移動で他の交通手段からバスへ乗り換えるとの回答が得られた．とくに，旅行用カバンなどの大きな荷物をもつときが多い都市－空港のルートでは，電動フルフラットバスに手段を切り替える市民が多いと期待される．具体的にインターネット調査では1920人の有効回答を得られた．電動フルフラットバスの導入で，バス以外から電動フルフラットバスに転換する人の増加率，さらには目的地の構内まで延

伸された際に，バス以外の交通手段から電動フルフラットバスに転換する人の増加率は**表 3.1.4** のとおりとなった．

電動フルフラットバスの導入により通勤・通学目的で 9 ％，ショッピングセンターの往復目的で 33 ％，空港の往復目的で 53 ％のバス利用の増加意思がみられた．さらに排ガスと騒音などが出ない電動車輌の特性を活かして各目的地構内への延伸も実現すると，通勤・通学目的で計 20 ％，ショッピングセンターの往復目的で計 67 ％，空港との往復目的で計 68 ％の利用者増加が期待される．これは，電動低床フルフラットバス導入の一つの社会的インパクトの予測値として貴重である．ただし，上記数値はインターネット調査による回答者の意思の値であり，実際に行動を変更する人は通常これよりも少なくなることが一般的であることには留意が必要である．また 1920 人のうち，電動フルフラットバスへの切り換えることを選択した回答者のおよそ 4 割が電動化することに伴う値上げを許容，すなわち経済的な価値を認識しているという結果が得られた．具体的には，区間および距離に限らず，現行料金のおおむね 20 〜 26 ％の運賃値上げを経済的な価値として認識・許容していた．さらに，排ガスや騒音が出ない電動低床フルフラットバスの特性を活用して建物の内部にまでバスを延伸できる可能性があることを市民に示したが，建物内部への延伸が実現された際には 23 〜 29 ％の追加料金を許容する結果になった．この電動低床フルフラットバスに交通の手段を切り替えようとする人々の支払意思の強さも，電動低床フルフラットバス導入に対する社会全体の関心の高さを示している．

表 3.1.4 市民の電動低床フルフラットバスへの転換意思

	路線バス利用者数（人）	他交通からの転換者 人数（人）	増加率（倍）	延伸した場合の転換者 人数（人）	増加率（倍）	転換者計 人数（人）	増加率（倍）
ショッピングセンター	769	254	1.33	259	1.34	513	1.67
通勤・通学	1256	113	1.09	133	1.11	246	1.20
空港	952	509	1.53	138	1.14	647	1.68

3.1.6　電動低床フルフラットバスへの運転手側の評価

　筆者は，電動フルフラットバスを試験運転した運転者に対して，運転性能および超急速充電システムの操作性など，ヒューマンインタフェースに関係する項目を中心とした評価調査を実施した。評価調査の対象者は，2012年度の実証走行で電動フルフラットバスを実際に運転した運転者19人（全員が超急速充電システムを経験）とした。実証走行運転や充電作業終了後，適宜項目ごとの調査票に評価結果を書いてもらった（19人全員が回答）。

　神奈川中央交通の運転者4人は路線バスの運転経験が豊富な指導運転者で，2011年度実証走行で電動フルフラットバスの運転経験があることから，上記調査票への記入とともに2ルートの実証走行の試験運転完了後に別途グループヒヤリングを実施した。

　運転手の評価結果は**表3.1.5**のとおりに整理される。電動低床フルフラットバスを運転しての総合的な印象については，従来型のエンジン式路線バスと比較して19人の運転者のうち，3人が「とてもよい」，9人が「よい」，2人が「同程度」とし，おおむねよい評価であった。また，「とてもよい」や「よい」と

表3.1.5　運転者の電動低床フルフラットバスへの総合評価

		件数	比率 (%)
総合的な印象（○は一つ）	とても良い	3	15.8
	良い	9	47.4
	従来のバスと同程度	2	10.5
	悪い	0	0.0
	とても悪い	0	0.0
	無回答	5	26.3
	合計	19	100.0
どのような点において特にそう感じたか？	走行性	8	19.0
	操作性	5	11.9
	安全確認	3	7.1
	振動・静粛性	11	26.2
	運転時の快適性	4	9.5
	デザイン・レイアウト	7	16.7
	その他	4	9.5
	合計	42	100.0

回答した運転者がとくにそう感じた点を自由に書いてもらったが，振動や静粛性，デザインやレイアウト，走行性などがあがっている．

　われわれは，2011年度の評価結果で大きな問題として抽出されたステアリングの操作性および発進時の振動・車輌の揺れについて，2012年度までに改善して評価を実施した．しかし，2012年度の評価でもステアリングは運転上の大きな課題として残り，さらに切れ角がないと実用的にはならない，という結論である．低床を果たすために8輪とインホイールモーター式を採用しているが，運転手側のユーザビリティ向上がいまだ必要である．

　あわせて2012年度の実証走行では1路線の走行距離が長くなり，モーターの温度上昇を抑えながらの運転に気を遣ったという意見も多かった．モーターの温度上昇は，距離にあまり関係なく，坂道発進や右折時のようにパワーが必要な場合に上昇してしまう．本傾向を抑えられるような改善が必要である．モーター温度上昇，ステアリングの重さおよび切れの悪さは，業務で日常的に運転するには使えない，という評価につながっている．

　総じて，電動フルフラットバスを運転しての評価（走行性，操作性，安全確認性能，振動および静粛性，快適性，運転席の快適性，車輌のデザインやレイアウトなど）については高い評価が得られており，総体的印象もよくなっている．全般的に，ユニバーサルデザイン性能を含めたインテリアデザインやエクステリアデザイン，安全性の向上をめざした車輌デザインなど，運転者や利用者の居住性関連のデザインでは今回の評価調査でおおむねよい評価が得られている．ただし，電動低床フルフラットバスらしさを出す観点で新規採用した後部妻面の非常口扉については，非常口を使うほどの事故は追突がいちばんありえて，玉突き事故で前扉は開かない，非常口は使えないなどの不具合が生じるのではないかという指摘も3人の運転手からあった．リスク管理の点で本件は検討の余地が残った．

　一方，モーターやステアリングなどの足まわりを中心とする走行関連機器には，複数の問題が残る結果となった．以上より，今後はデザイン面よりも上記案件を中心とした駆動関係の改善に注力の必要がある．超急速充電システムに関する運転手の全般的な利用評価では，マニュピレーターの改善前は悪かったが，改善後には評価が向上している（**図 3.1.17**）．

44　第 3 章　モビリティ社会創造に向けた実例

図 3.1.17　電動低床フルフラットバスの実証走行シーン (2011 年度)
慶應義塾大学の湘南藤沢キャンパス周辺や羽田空港周辺の路線，横浜市内の路線などで実証走行を実施した．

　しかしながら，ベテラン運転手へのグループヒヤリングによれば，「使い勝手がよくなったが，従来の軽油の給油作業にはとてもかなわない」ということであった．これは，接続ケーブルや充電コネクターが大きくて重いために，充電コネクターの差し込み時や取り外し時の取り回しが大変で，動かしにくいことによる．一方で，充電作業全体の手順についてはわかりやすいという回答が多く，とくに問題点はなかった．充電時間の長さについては予想より短いという意見があった一方，時間がかかるという意見もあった．これは，大型バスへの充電に長い時間がかかると当初予想していたことと，実用化のためには従来の給油作業と比較すると時間が長すぎる，という見解によるものである

図 3.1.18　神奈川中央交通運転士による給電シーンと超急速給電器の外観

(図3.1.18)。その他，安全性については，感電への懸念，雨天時の安全確保についての意見が多く聞かれた。

以上より，総体的には車体デザインよりも駆動や走行機能の向上に関する課題が研究より見えており，筆者の将来の研究ではこれらの知見を車両改善に反映させていく。

3.1.7 電動低床フルフラットバスへの経営者側の評価

筆者は，バス事業者の経営陣にも当該車輛の評価をしてもらった。その結果をまとめる。

- 電動低床フルフラットバスを導入した場合には，ルーティングや充電タイミングなどにより運行ダイヤの編成を再検討する必要がある。電動低床フルフラットバスのニーズも増えるはずだが，航続距離や充電の必要性などから他のディーゼル車と同一の運用は不可能なのではないかと懸念している。電動低床フルフラットバスは専用ダイヤ（要は路線とダイヤの固定）とせざるをえないと考えており，運用での効率性を心配している。
- 電動低床フルフラットバスの導入で利用者が増加するとは考えにくい。つまり，電動低床フルフラットバスの導入で，収益増加になるとは考えにくい。車内空間が広くなることで乗車定員が増えるのであれば，多客路線で多少の経営効果はあると考えられる。あわせて，電動低床フルフラットバスの専用使用，急行運行などで並行して料金を上げる，という方針は検討の余地がある。連接化による付加価値の向上というのも有益である。
- 充電施設は自社保有になると思われ，コスト増になると懸念される。また，充電設備については管理者の育成およびメンテナンス費用などが必要になり，懸念事項である。停電の際の対応は懸念材料で，計画停電や災害時インフラ停止の際，業務継続性が低下する。

両社のコメントを総合すると，上記のように整理される。バスの利用者や運転者の評価はある程度認められた。一方，経営的な側面から見ると，仮に燃費が下がり，車体のメインテナンスコストが半分になる効果はわかっても，運用やコストを中心とした精緻なシミュレーション研究のニーズが高いことがわかる。この点も，普及に向けた筆者の課題である。

3.1.8　電動低床フルフラットバスへのメーカー側の評価

筆者は，メーカーの側面からも当該車輌の評価をしてもらった。その結果をまとめる。

(1) 量産化に向けた課題や販売価格の低減方策など

- 電動フルフラットバスは，通常のバスとシャーシの構造がかなり異なり，一般バスを製造する既存ラインと異なる新しいラインをつくるか，既存ラインを活用する際も新しい治具（機械工作などで工作物を固定する道具のこと）のセットをつくる必要がある。新しいラインをつくる場合は新しい工場を建設することで，不動産費，人件費，原材料費などで数百億円規模の投資が必要となる。新しい治具のセットをつくる場合は，数億円から数十億円規模の投資となる。さらに，組み立て代よりも部品代の価格が大きく，インホイールモーターとリチウムイオンバッテリーなどの価格が大きい。部品代だけでも5000万円程度かかると考えられ，その低減が普及には必要である。バッテリーの寿命も問題で，おおむねいまだ費用面が大きな課題として残されている。
- 集積台車による電動低床フルフラットバスは，部品数は少ないかもしれないが，工程数が多くなる。工程数が多くならないように工夫しなければならない。また，故障時にも十分対応できるようにしておくことも必要である。整備工場，整備人材も増やす必要がある。

(2) 技術的課題など

- 充電設備の設置が課題。現行の軽油であれば2分／台ほどで給油できるが，充電は今回の試験走行の実績のとおり20〜30分かかり，大量のバスを運行する会社であれば相当数の充電設備を設置しなければならない。自治体で支援する必要もあり，負担も増大する。
- 非接触充電装置は，実用化までには安全性の確保など課題は多いが，ハード的にはほぼ完成しており，将来的には可能性がある。インホイールモーターは，チェック・確認・評価を十分にしなければ導入は現時点で難しい。LRT（light rail transit，軽量軌道交通）のように線路を走るのであれば問題は少ないが，一般道では路面の状況がさまざまであり問題も想定される。たとえば，凍結面と凍結していない面が異なる場合などではタイヤに

よって各タイヤのトルク制御がかなり複雑になる。現状で回転半径が12 m と大きい点も運転しやすくするうえで改良が望まれる。

(3) 電動低床フルフラットバスの市場性
- フルフラットは，ユニバーサルデザインを社会から求められる現代で受け入れやすい特徴の一つである。後部までフラットである点は大きなメリットである。さらに，排ガスゼロや低騒音を活かしながら，屋内空間への乗り入れや早朝・深夜時間帯の運行拡大を実現すれば乗換抵抗が小さくなるので，ユニバーサルデザインの観点でのメリットも拡大する。ただし，屋内空間への進入については通常の公共建築の基礎では強度が足りないということも想定され，建築学の観点での検証の取り組みがさらに必要になる。
- 電動低床フルフラットバスは，空港内，テーマパーク内，医療施設内，デパート内への乗り入れに有効である。詰め込みが利く大型の電動フルフラットバスならば，大勢の乗客が立って乗ることが多い空港ランプバスなどや大学の通学路線バスなどでその特性を活用できる。救急車，検診車，幼稚園送迎車などにも適しているが，市場性が低く，優先順位がどうしても下がる。BRT（bus rapid transit，バス高速輸送システム）に興味のある自治体や事業者も近年は多く，そのようなところは興味をもつように思う。しかし，これも普及につながるほどの需要は期待できない。
- バス事業者は経営がきびしいところが多く，イニシャルコストの高いバス車輛の購入は難しい。都営などの公営事業者であれば導入の可能性があるのではないか。2020 年の東京オリンピックの各種送迎バスとしての期待は業界からも高く，チャンスである。

(4) その他
- バス事業者にとっては排気ガスのことを考えなくてよいのは大きなメリットである。この長所を理解してもらい，新しい構造のバスの生産，バス事業者の採算性確保，社会インフラの整備などに対して政策的支援が集中的に投入されることが普及に必須である。

総じて，エンジン自動車のバスを製造してきた立場では，電動化へのパラダイムシフトが難しい状況がわかったが，逆に電車の製造メーカーなどの親和性の高いメーカーもある。今後は，電動バス普及に向けそうした新規事業者との

協働も模索する必要性がわかった。

3.1.9　将来の展開と応用の可能性

さらに筆者は，電動低床フルフラットバスの試作開発と並行して，全国のバス事業者へヒヤリング調査を行なった。その結果に基づき，電動フルフラットバスの普及量産への現実的な方向性について，バス事業者側の現実的な経営状況に根差した形で整理する。

3.1.9.1　電動バスの車輌と運用に関する普及へのニーズ

（1）現行の路線バスに基づく電動フルフラットバスへのニーズ

路線バスについては，従前のツーステップ車輌時代に，前扉－後扉方式（おもに地方部の主流であった方式；図 3.1.19）の車輌を長く採用してきた事業者から，電動化で前扉－後扉方式を復活させてほしいという意見が顕著であった（14事業者中13事業者）。13事業者は長らく後扉乗車・前扉降車の方式を採用し，多客時の乗客の立ち位置を経験的に偏在化させられることを把握していた。実際，ノンステップ車輌，ワンステップ車輌を内燃機関式で実現すると，現在の技術ではリヤエンジン式を踏襲するため，前扉－後扉方式が困難となっており，高価な特注車以外には販売されていない。事業者側は，購入補助が行政から提供される前扉－中扉方式の国土交通省標準仕様ノンステップ車を軸に切り替えを行なってきた。この結果，中扉より後部にエンジンルームの段差が生じ，利用者が中扉より後部に詰めず多客時の積み残しが顕在化する地域が増えるこ

図 3.1.19　かつて地方部で主流だった前扉－後扉車

とになった。

効率的な運用を考慮して，前扉-後扉方式の車輌を長らく採用してきた事業者側は，その復活をニーズとしてあげている。集積台車型の電動バスであれば，モーターやインバーター，バッテリーなどをすべて床下に格納するため，エンジンルームなどの車室への突出をすべて解消できて，前扉-後扉方式も実現できる。これは郊外用（本書では，神奈川県内でいえば横浜市内や川崎市内などの都市部を走る車を「都市内用」，それ以外の小田原・箱根地域などを主たる走行地域とする車輌を「郊外用」と定義）のデザインで，とくに考慮すべき要件となる。郊外用については基本的に乗車時間も長くなるため，集積台車構造独自の広い空間を活かし座席を可能なかぎり多くすることもニーズとして示された。

一方，前扉-中扉をおもに採用してきた13事業者（主として都市部を走行エリアとする事業者；図3.1.20）は，従来の前扉-中扉を軸に座席数を利用者の不満が出ない水準まで可能なかぎり減らし，立ち席スペースを可能なかぎり多くする内装が電動フルフラットバスへのニーズとして示された。上記2タイプが普及させるべき大型主軸車種と判明した。

(2) 電動バスに求められる航続距離のニーズ

全国のほとんどのバス事業者（27事業者中26事業者）は，渋滞で運転者の休憩時間（50〜60分の比較的長い休憩時間）に充電ができないケースを，電動フルフラットバス導入に向けた懸念材料としてあげた。27事業者のニーズとして，路線バス用では都市内用・郊外用とも，エアコン・補機・ワンマン機

図3.1.20　都市部で主流の前扉-中扉車

器での使用分をすべて含める前提で，1 充電走行 200 km 分の電力量を確保すれば大型 1 台 1 日の運用ニーズを満たせることが判明した．今後の電動フルフラットバスのデザイン要件としてあげられる．ただし，北海道や沖縄県のように廃止鉄道代替の中・長距離バスが存在する地域では，1 充電走行距離が 300 km 程度の都市間車輌用ニーズも確認された．北海道や沖縄県のように冷暖房使用量が通常より多い地域では，電池の搭載量を 1.2～1.3 倍にする必要性も認められた．

(3) 電動バスに求められるサイズや価格などのニーズ

全国の 27 路線バス事業者のうち都市部・郊外部を問わず 25 事業者が，道路事情の改善が進んでいるために，急な多客時にも備えられる大型車輌のニーズが今後増すというのが，今後の事業展開を見通した車輌サイズにかかわる見解である．一方，中型車輌については，収容人数も中途半端，「大は中を兼ねる」部分が道路環境面と乗客収容面の双方であるため，今後の事業展開でのニーズは限定的というのが 25 事業者の見解として得られた．大型車輌とともに事業者側のニーズがあるのは，コミュニティバスサイズの小型車輌である．これは，住宅地などの狭隘道路などに入れる車輌のニーズで，全 27 の事業者中 23 事業者が大型車輌とともに電動化のニーズを示した．23 事業者は，小型電動バスの導入による静音化および排ガス低減化で，住宅街での早朝・深夜の新規サービス提供が可能になり（現状で早朝・深夜は走らない），新規ビジネスへの期待も示している．

(4) 事業者による電動バス普及へのその他のニーズ

バス事業者からは，電動フルフラットバスを普及させるうえで次のニーズも示された．

- 車庫で充電時の道路混雑を緩和するため，車の左・右の両側面に給電口を設けること．
- 給油作業を高齢者・障がい者の雇用枠で対応する場合が増えているので，給電する際にミスが起こりにくい給電のユニバーサルデザイン的インタフェースを備えること．
- バッテリーやモーターで下部が重くなるため，車体を鉄から軽量アルミニウムなどにするとしても，運転者が車輌をすりやすい前・後部のオーバー

ハングは従来の鋼製とすること.
　上記結果より，電動フルフラットバスの普及に向けては，大型車輌と小型車輌を中心とした普及の展開が，事業者経営に基づく現実的な方向性であることが調査より明らかになった.これを前提として，大型電動フルフラットバスと小型電動フルフラットバスについて，量産・普及時のイニシャルコストの最大支払意思金額（＝事業者側負担金額）も質問した.その結果，27事業者は総じて現状のポスト新長期車輌と同水準の事業者負担分であれば購入が可能と考えていることがわかった.大型では平均2360万円，小型では平均1280万円の最大支払意思金額になった.イニシャルコストの事業者負担分を上記水準にできるような社会環境の整備が，電動フルフラットバスの普及に向け肝要である.
　さらに，電動フルフラットバスを普及させるうえで27事業者中25事業者が，衝突などの安全性保持などにかかわる高水準な技術の蓄積をもつ既存バス車体メーカーでの製造・普及を希望した.シャーシ部分（集積台車）については，メーカーのこだわりはとくに見られず，23事業者が電気自動車と技術面で親和性が高いが電車製造メーカーや家電メーカーなどの参入も社会的に認めて，蓄電池技術・駆動系技術の質的向上および価格低下を求めた.
　こうしてバスを運用する事業者側の電動フルフラットバスの普及にかかわるニーズが事業者ヒヤリングでわかった.上記の情報は，以下の普及車種の視覚化作業の要件とした.

3.1.9.2　電動フルフラットバスへの市民ニーズ

　筆者は，全国のバス事業者へのヒヤリング調査で，集積台車技術を援用した電動フルフラットバスが，エコデザインとユニバーサルデザインの融合を実現させる有用な車輌技術として，バス事業者の大きな期待を集めている状況を認識できた.それに続く形で，集積台車独自の広い空間と豊富な電力を用いた新サービスへのニーズを一般市民にも質問紙で調査した.慶應義塾大学では，事業者調査と同様に，北海道・東京都・兵庫県・福岡県（以上の都道県では都市部事業者域として調査），新潟県・静岡県・香川県・山口県・沖縄県（以上の県では郊外部事業者域として調査）の一般市民各24人，計216人に質問紙調査を行なった.各都道県での24人は，20代・30代・40代・50代・60代・70代以上の6クラスの男・女各2名ずつで構成される.質問紙配布者の全216人

表 3.1.6　電動フルフラットバスで実現してほしいこと（都市部）

	20歳台	30歳台	40歳台	50歳台	60歳台	70歳台	合計
荷物を置くスペース	6	5	9	8	9	9	46
電気がとれるとよい	8	3	6	1	0	0	18
大きないす	1	3	3	4	4	3	18
机があるとよい	5	5	3	3	1	1	18
自転車を置くスペース	1	3	3	2	3	6	18
座席を増やす	1	3	2	4	0	3	13
子供用のスペース	4	4	0	0	0	0	8
立ち席スペースの拡大	2	1	1	0	0	0	4
床暖房	0	0	1	0	0	0	1
車いすスペースの拡大	0	0	0	0	0	0	0
冷蔵庫	0	0	0	0	0	0	0
マッサージいす	0	0	0	0	0	0	0

有効回答者数 96 人，複数回答可能。

表 3.1.7　電動フルフラットバスで実現してほしいこと（郊外部）

	20歳台	30歳台	40歳台	50歳台	60歳台	70歳台	合計
荷物を置くスペース	11	8	9	10	10	17	65
自転車を置くスペース	8	7	10	10	3	6	44
子供用のスペース	3	9	2	2	0	1	17
電気がとれるとよい	3	7	3	1	1	0	15
大きないす	0	0	3	3	4	2	12
座席を増やす	1	1	2	2	2	1	9
机があるとよい	5	1	0	1	0	0	7
車いすスペースの拡大	0	1	0	0	0	1	2
冷蔵庫	0	0	0	1	1	0	2
立ち席スペースの拡大	0	1	0	0	0	0	1
床暖房	0	0	1	0	0	0	1
マッサージいす	0	0	1	0	0	0	1

有効回答者数 120 人，複数回答可能。

から有効回答を得られた。上記の各地域に住む筆者の知人（すべて質問紙調査に精通する研究者）に調査者としての協力を依頼し，上記の年齢・性別に合う 24 人の一般市民に質問紙を配布してもらい，データを獲得した。調査者には，集積台車技術や効果を市民に説明し，回答を促してもらった。質問内容は年齢

や性別のフェイスシートを除いて，「従前の路線バスの課題と，電動フルフラットバスで実現してほしいサービス」に限定した．

市民のニーズとしては，荷物を置けるスペースの確保が全国的に最多となった．都市部で特徴的なニーズは，「電気が取れるようにしてほしい」，「大きないすを設けてほしい」，「机を設置してほしい」というように，短時間でもビジネスユースで車内での時間を使いたい人がいる点である（20～40代の志向が強い；表 3.1.6）．一方，郊外型では，バス乗降前後に自転車を使いたいというニーズを受け，世代を越え自転車用スペースの確保に対するニーズが高く出ている．その他，長時間乗車も多いため子供用スペースの確保という郊外部独自のアイデアも幼児をもつ30代を中心に多く出た．座席数についてはもともと都市部に比べて通常多く確保されているため，増やしてほしいという要望は少なかった（表 3.1.7）．

上記のインテリア関連の市民側のニーズも，集積台車技術を前提にした電動フルフラットバスの普及を考えるうえでデザインに含めることが大切であり，今後実現させたい．

3.1.9.3 社会的ニーズが高い電動バスの類型化とデザイン

上記の各調査の成果を類型化し，近未来にかけて社会的に普及が期待される電動バスの仕様を提案する．バス事業者へのヒヤリング調査の成果と，電動フルフラットバスで実現してほしいサービスの市民への調査結果を基に，早期に普及させる必要性が高い電動フルフラットバスの車種を検討し視覚化した．視覚化の結果と市民ニーズを本研究に協力した全国の27バス事業者に還元して，最終的な事業者評価を得て提案をまとめた．

(1) 早期普及が必要な電動フルフラットバスモデル①「都市用電動車（前－中扉，事業者負担2360万円）」

<ポイント>
- 1充電航続可能距離200 km（エアコン・ワンマン機器・各種補機分の電力量を含む）．
- シートを極力減らし，立ち席スペースを極力広く確保して，多客時にも対応できるようにする．荷物用のスペースを若干設けることにより，市民があげたニーズにも応える．

普及モデル①のエクステリアが図 3.1.21，インテリアが図 3.1.22 である。荷物スペースや大きないす，机など，広いスペースを前提にした利用者のニーズを現実に満たすうえでも，フルフラット化が可能な集積台車型電動大型ノンステップバスは有効である。車いすの下部に，福祉機器用の電源を確保しておくことも前提とし，広いスペースを活用したユニバーサルデザインとエコデザインの融合型車輌を都市部でのバスで実現可能である。

(2) 早期普及が必要な電動フルフラットバスモデル②「郊外用大型車（前－後扉，事業者負担 2360 万円）」

図 3.1.21　都市内用大型電動低床フルフラットバスの外観　［画：野田靖二郎］
全幅 2.5 m，全長 10.5 m，全高 2.8 m，前扉－中扉方式，一充電走行可能距離 200 km の仕様。

図 3.1.22　都市内用大型電動低床フルフラットバスの内観　［画：野田靖二郎］

3.1 電動低床フルフラットバス　55

<ポイント>
- 1充電航続可能距離200 km（エアコン・ワンマン機器・各種補機分の電力量を含む）。
- シートを極力増やし立ち席スペースを減らす。長時間の移動に使われることも考慮。
- 荷物用スペースの確保。自転車用スペースをシート跳ね上げ式で設け，ニーズに応える。

バス車輌普及モデル②のエクステリアが図3.1.23である。郊外部用については，多くのバス事業者が従前活用してきた前扉－後扉の復活を今回のニーズ調査で求めた。リヤエンジン式のノンステップバスでは，エンジンの存在により前扉－後扉方式が事実上，不可能になっている。しかし，限られた本数で詰め込みを行なえる観点で，前扉－後扉の車の取り回しが前扉－中扉車輌よりもベターとする事業者が多く，長らく利用してきた乗客もそれに慣れているということで，筆者は集積台車の特質を活かしつつ図3.1.23のような車輌を郊外型普及モデルとして視覚化した。インテリアについては，図3.1.22の車輌前半のシートを2列化し，荷物用スペース，自転車用スペースや子供用スペースなどを路線特性に応じて加えられるようにオプション対応方式にすることが現実的である。

(3) 早期普及が必要な電動フルフラットバスモデル③「小型電動車（前－中扉式，事業者負担1280万円）」

図3.1.23　郊外内用大型電動低床フルフラットバス外観　[画：野田靖二郎]
全幅2.5 m，全長10.5 m，全高2.8 m，前－後扉，一充電走行可能距離200 kmの仕様。

56　第3章　モビリティ社会創造に向けた実例

＜ポイント＞
- 1充電航続可能距離150 km（エアコン・ワンマン機器・各種補機分の電力量を含む）。
- 車内ではシートを極力増やし立席スペースを減らす。高齢者利用が多いことも考慮。
- ロングシートを採用することで補機類をシート下に格納し，できるだけ座

図3.1.24　小型電動低床フルフラットバス外観　［画：野田靖二郎］
　全幅2.1 m，全長7.0 m，全高2.5 m，前－中扉方式，一充電走行可能距離150 km，都市・郊外共通仕様。

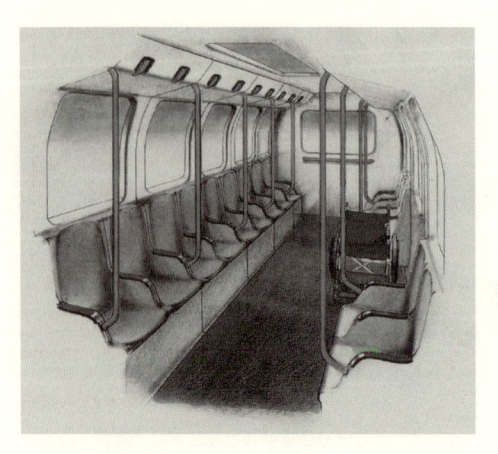

図3.1.25　小型電動低床フルフラットバスの内観　［画：野田靖二郎］

席を増やす。

　今回の事業者調査で，今後のバス車輌のニーズが大型・小型に二分し，輸送力で中途半端な中型車輌が淘汰される方向性を確認した。そこで大型二種とともに，高齢者や障がい者が利用する公共交通の不便地域解消に資するコミュニティバスの用途に足る，小型電動フルフラットバスのエクステリアとインテリアを普及モデルとして図 3.1.24 と図 3.1.25 のとおり視覚化した。車いすも 1 台載せることができ，コミュニティバスが走る住宅街のエコデザインとユニバーサルデザインの両立を図ることに貢献可能である。

3.1.10　まとめ

　以上のとおり，筆者は学際的な広い視座から，今回試作した電動低床フルフラットバスの検証と評価，普及戦略の総合的研究を行なってきた。2009 年以降，2 ヵ年にわたる試作と 3 ヵ年にわたる試走評価を経て，電動低床フルフラットバスという従来にない方式の車輌が社会的になじむためのヒントがいろいろと得られた。従来にない方式のバス車輌のために費用面などの懸念がいまだ残る反面，ヒューマンインタフェースという観点では，利用者や運転者側へのメリットが大きいこともわかった。今後はこの利点を伸ばし，エコデザインおよびユニバーサルデザインが融合したおもてなし度の高いモビリティスタイルのバ

図 3.1.26　マイクロサイズのコミュニティバス　[画：江本開夫]

コミュニティバスのフルフラット化は，国際的にも今後ニーズが増えるといわれている。高齢社会に必須の乗り物として普及をさせたい。

スとして公共交通業界に普及できるように，いっそう研究活動に精進していきたい。とくに，大型・中型・小型の集積台車を用意しておけば，キャビンを替えていろいろなエコデザイン＋ユニバーサルデザイン型のバス車輌を電車のように仕立てられるデザイン的メリットはぜひ国際的にも享受してこれを世界標準化して，バス車輌の改善を図りたい（図3.1.26～3.1.28）。

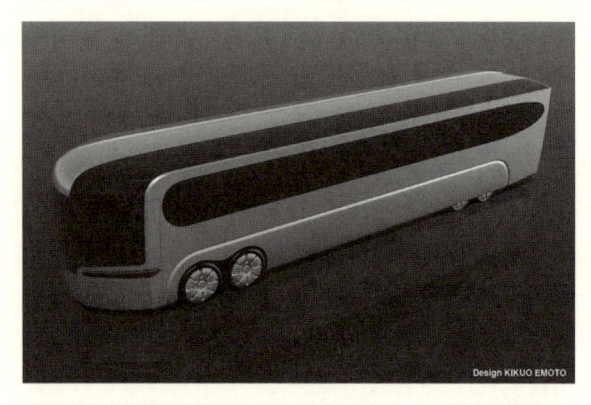

図3.1.27　高速バスのフルフラット化のイメージ［画：江本聞夫］
国内では高速バスがバス事業の経営を支えており，燃費がよい車が入ることでさらなる経営メリットが生まれる。

図3.1.28　二階建て高速バスのフルフラット化のイメージ［画：江本聞夫］
国内では二階建てバスが生産中止になっており，燃費がよい二階建ての車は参入のチャンスがある。

3.2 病院などの屋内を対象にした一人乗り用電動自動運転車

3.2.1 病院内での移動が大変な高齢者・障がい者

　筆者が慶應義塾大学医学部の教員を務めていたとき，高齢の患者や障がいをもつ患者から「なんで病院の中はこんなに移動しにくいのかね」という声をよく聞いた。これは，けっして新しくはない当時の慶應義塾大学病院だけの問題ではないようで，われわれは患者サイドの病院内での移動実態について，慶應義塾大学病院（首都圏大規模病院の性格をもつ）を例に調べた。なお，この実態調査は 2012 年度から 2013 年度にかけて行なった。

　われわれは，慶應義塾大学病院の倫理審査結果に基づいて外来患者の移動状況を調べた。その結果，病院内での移動頻度は 1 回の外来通院で 6.0 回，移動距離の合計は 286 m であった。また，移動手段の内訳は図 3.2.1 のようになっており，自力で移動する辛さが顕在化した（例：外来受付→X 線受付→X 線検査室①→X 線検査室②→外来計算→支払い→玄関の事例では計 6 回の移動と数え，移動距離計 315 m と判断した）。

　以上のように，病院内の移動は高齢者や障がい者にとって大きな負担になりつつあり，全国的に見ても古い病院が少なからず残っており，移動抵抗を減らす手段が必要である。

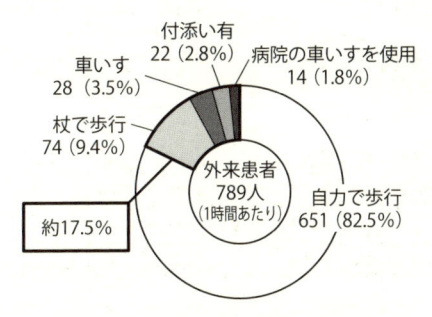

図 3.2.1　外来通院時の移動手段の内訳
慶應義塾大学病院の 1 日あたりの外来患者数は約 3000 人で，そのうち 70 歳以上の高齢者が約 35 % を占める。

3.2.2　看護者の移動支援負担の増大

われわれは，移動を支援する看護スタッフにもそのプロセスで日ごろから感じている問題点を調査した．倫理審査を経て筆者は，慶應義塾大学病院で2012年度に調査を行なった．

筆者は2012年11月8日～11月20日の間に，院内職員への調査許可が得られた慶應義塾大学病院の中で，職種の人口比に応じて合計800票の質問票を配布した．質問紙の冒頭では，病院内で，業務効率化や労働負担軽減の実現のために，「人を運ぶ」，「物を運ぶ」，「自らが移動する」，「物を保管・管理する」という人や物の流れの改善が課題点としてあげられていることを説明した．そのうえで上記4つのシーンについて，各種病院職員が抱く移動や物流，コミュニケーションでの問題や技術ニーズを具体的に記述してもらった．本調査結果

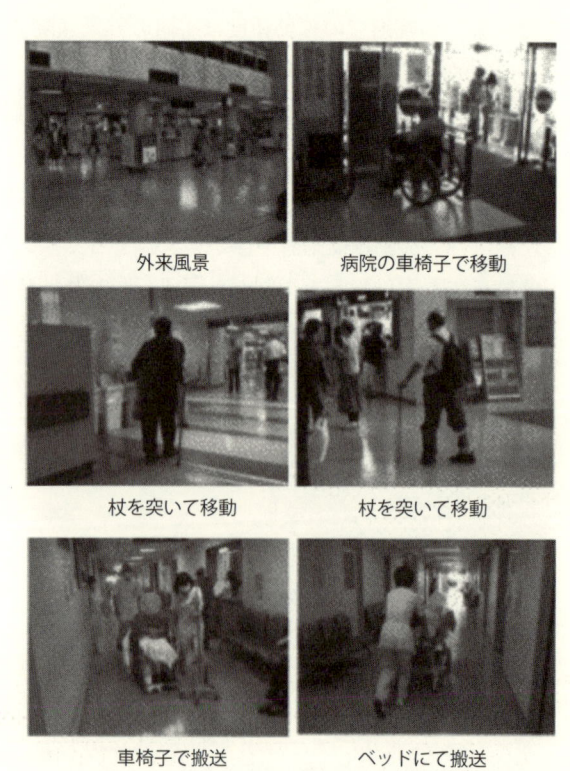

外来風景　　　　　　　　病院の車椅子で移動

杖を突いて移動　　　　　　杖を突いて移動

車椅子で搬送　　　　　　ベッドにて搬送

図3.2.2　病院内での移動にはいろいろな問題が存在する

に基づき，病院内のモビリティレベルの向上を実現するうえで今後，試作開発や量産普及が有益な人や物品の搬送ツールの概念の具体化をめざした。有効回答者として合計545票（有効回答率68.1%）を獲得しており，院内の関心も高かった。看護系が275票（全有効回答者の51%），医師系が106票（同19%），技師系が79票（同15%），事務系が45票（同8%），無回答が40票（同7%）となっている。

有効回答者全体の年齢については，最低年齢が19歳，最高年齢が68歳，平均年齢が37.48歳であった。あわせて性別については，男性140票，女性356票，回答なしが49票であった。上記の属性について母集団との大きな偏りはなかった。なお，本調査の実施にあたり慶應義塾大学病院の倫理審査委員の教授と病院長，副病院長，事務局長の許可を得ており，倫理的問題がない点を確認して行なったことをあらかじめ付記しておく。

3.2.2.1 業務プロセス改善の優先順位

A「人を運ぶ」，B「物を運ぶ」，C「自らが移動する」，D「物を保管・整理する」の4項目を順位づけしてもらい，1位に4点，2位に3点，3位に2点，4位に1点をそれぞれ与えて集計を行なったところ，慶應義塾大学病院の全体で，A「人を運ぶ」，B「物を運ぶ」，D「物を保管・整理する」，C「自らが移動する」の順で改善ニーズが高いことが判明した（ただし無回答の箇所は回答放棄として0点とカウントしてある）。**図3.2.3**が慶應義塾大学病院全体の結果であり，**図3.2.4**がそれを職種別に分類した結果である。

以上の結果を基に，移動＝モビリティから病院内のホスピタリティ＝おもてなし度を高める施策を展開するうえでの世界観を**図3.2.5**のように設定して，われわれは研究を進めた。

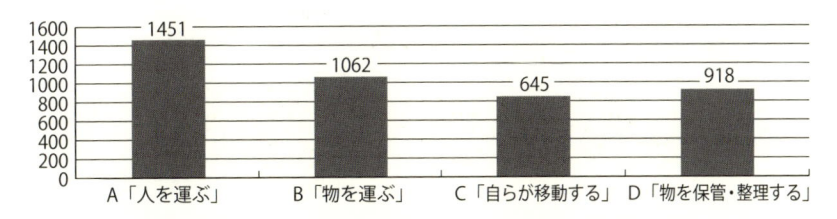

図 3.2.3　業務プロセスの改善優先順位（慶應義塾大学病院全体）

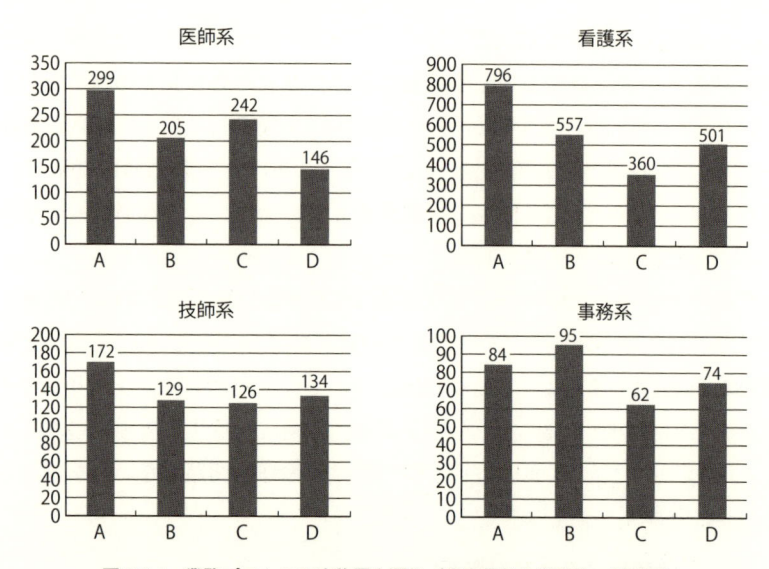

62　第3章　モビリティ社会創造に向けた実例

図3.2.4　業務プロセスの改善優先順位（慶應義塾大学病院：職種別）

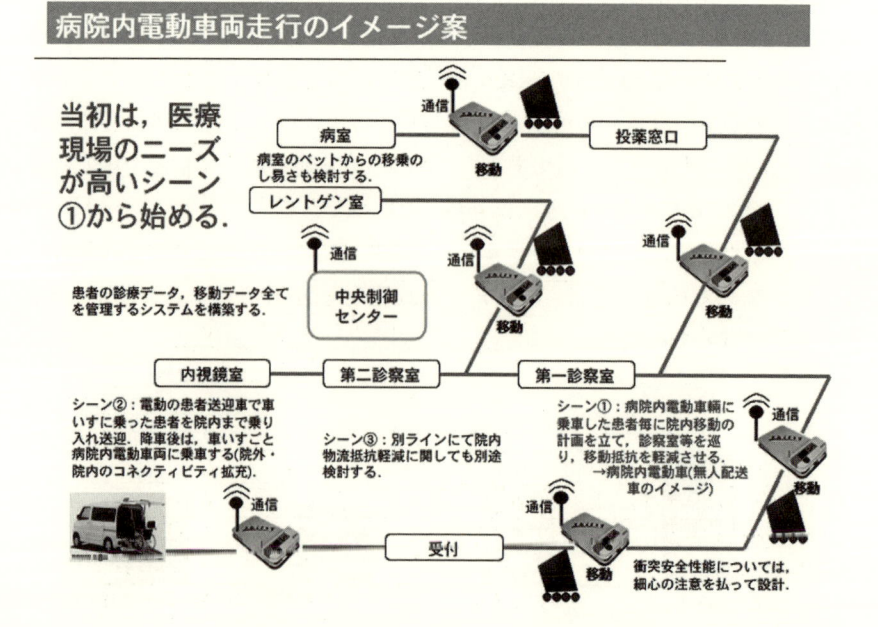

病院内電動車両走行のイメージ案

当初は，医療現場のニーズが高いシーン①から始める．

患者の診療データ，移動データ全てを管理するシステムを構築する．

病室
病室のベッドからの移乗のし易さも検討する．

投薬窓口

レントゲン室

中央制御センター

内視鏡室　第二診察室　第一診察室

シーン②：電動の患者送迎車で車いすに乗った患者を院内まで乗り入れ送迎．降車後は，車いすごと病院内電動車両に乗車する(院外・院内のコネクティビティ拡充)．

シーン③：別ラインにて院内物流抵抗軽減に関しても別途検討する．

シーン①：病院内電動車輌に乗車した患者毎に院内移動の計画を立て，診察室等を巡り，移動抵抗を軽減させる．
→病院内電動車(無人配送車のイメージ)

受付

衝突安全性能については，細心の注意を払って設計．

図3.2.5　病院でのモビリティを向上させる方向性

3.2.2.2 患者を運ぶ作業の実態

慶應義塾大学病院全体で,患者搬送については1日あたり1回以下が189人,2〜5回が162人,6〜9回が47人,10回以上が69人であった(当該業務にかかわる有効回答者分のみ集計)。また,片道1回の平均搬送時間が7.78分であることもわかった。患者搬送の回数が多くなるほど,ケアに割く時間が減ってしまう実態がわかる結果である。

慶應義塾大学病院全体での患者搬送時のパターン,問題点,および改善ニーズは,おのおの表3.2.1〜3.2.3のとおりの結果になった。とくに重要となる患者搬送時の改善ニーズについては「動線分離とその安全性確保」(83票)が1位,

表3.2.1 患者の搬送で最も多いパターン

患者の搬送区間	医師系	看護系	技師系	事務系	全体計
病棟-検査室	28	64	16	2	110
ベッド-トイレ	0	79	0	0	79
病棟-手術室	21	21	0	0	42
病棟内移動	1	21	2	0	24
診察室内移動	9	8	5	0	22
手術室内移動	2	18	0	0	20
病棟-診察室	7	12	0	0	19
診察室-検査室	0	11	3	1	15
検査室内移動	1	6	4	0	11
診察室-処置室	0	8	0	0	8
病棟-別の病棟	2	4	0	0	6
入口-診察室	0	0	2	2	4
診察室-会計,窓口	0	3	0	0	3
病棟-浴室	0	2	0	0	2
病室内移動	0	2	0	0	2
処置室-検査室	0	2	0	0	2
検査室-会計,窓口	0	2	0	0	2
薬剤部-検査室	0	0	1	0	1
病棟-会計,窓口	0	1	0	0	1
入院受付-病棟	0	1	0	0	1
検査室-回復室	0	1	0	0	1
外来内移動	0	1	0	0	1
全体件数	71	267	33	5	376

表 3.2.2　患者搬送時の問題点

患者を搬送するときの問題点	医師系	看護系	技師系	事務系	全体計
エレベーターの待ち時間が長い	23	62	5	1	91
動線が搬送用に分かれていない	17	53	7	0	77
エレベーターがせまく搬送が大変	2	20	3	1	26
患者の搬送で人手が足りない	4	19	3	0	26
車いすの操作時に体力を使う	1	20	2	2	25
部屋がせまく移乗や移動が大変	3	20	0	0	23
とくに不便に思うようなことはない	3	9	2	0	14
ベッドでの搬送に体力と神経	3	9	0	0	12
トイレがせまいので移動が大変	0	11	0	0	11
患者さんを搬送するときの重量	0	9	1	0	10
点滴やドレーンの対応に困る	2	4	4	0	10
ストレッチャーが大きく困る	3	4	0	0	7
スロープが搬送の妨げである	1	5	0	0	6
トイレが遠いので移動が大変	0	4	0	0	4
病室から検査室の距離が長い	1	3	0	0	4
腰痛などの持病に悩まされる	0	1	1	0	2
移動の負担で診療が停滞する	1	0	0	0	1
患者が転倒しないよう気を遣う	0	0	1	0	1
身障者トイレの数が少ない	0	1	0	0	1
部屋の扉がせまかったり重たい	1	0	0	0	1
落ち着かない人の対応が大変	0	1	0	0	1
合計件数	65	255	29	4	353

「ベッドや車いすのアシスト化」(2位,59票),「ストレッチャーのアシスト化」(4位,24票),「ベッドおよび車いすのリモコン化」(5位,16票),および「一人で複数の車いすを搬送可能」(5位,16票) など,患者搬送機器の負担軽減を実現する新機能導入を求めるニーズの高いことがわかった。

モビリティ環境をつくるうえで今回筆者は,高額で経営的負担が大きいインフラストラクチャ側での整備でなく,筆者がもつ電動車輌(電気自動車)や自動運転,遠隔操縦などの有効活用で,極力インフラストラクチャでない比較的安価で,かつ二酸化炭素や騒音を低減できる機器側での環境改善を進めることを研究の前提条件に据えている。

そして,病院内の人と物の搬送支援で,ケア提供者や患者の負担軽減を実現

表 3.2.3 患者搬送時のニーズ

患者を搬送するときのニーズ	医師系	看護系	技師系	事務系	全体計
動線分離とその安全性確保	13	58	10	2	83
ベッドや車いすのアシスト化	21	33	5	0	59
広いエレベーターの数を増やす	32	20	2	0	54
ストレッチャーのアシスト化	4	15	3	2	24
ベッドおよび車いすのリモコン化	8	7	1	0	16
一人で複数の車いすを搬送可能	1	10	4	1	16
車いすにアシスト機能を付与	3	9	3	1	16
人手を増やすことで対応する	3	6	2	2	13
点滴の移動など考慮の支援機器	1	6	4	0	11
とくに今改善にすることはない	3	7	0	0	10
ベッド移乗の支援器具の用意	2	6	0	0	8
部屋を広くして移動しやすく	2	1	1	0	4
患者の力を活かせる移動器具	0	1	2	0	3
段差部を減らしてスロープ化	0	2	0	1	3
自動運転可能な次世代ベッド	0	2	0	0	2
ベッドがラジコンのように動く	0	1	0	0	1
ベッドの移動アシストの装置	0	1	0	0	1
床や壁などが地図化するとよい	0	1	0	0	1
いろいろな機器がのれる新ベッド	0	1	0	0	1
搬送を自動で行なえるようにする	1	0	0	0	1
トイレの広さを広げてほしい	0	1	0	0	1
全体的にバリアフリー化する	0	1	0	0	1
予定を一括管理可のシステム	1	0	0	0	1
合計件数	95	189	37	9	330

して，ケア提供環境向上を実現する。この前提のもと，総体的に患者搬送場面での改善ニーズが最も高かった。とくに，ベッドや車いす，ストレッチャーなどの患者搬送機器のアシスト機能，リモコン式での操縦支援や自動運転化の実現などのニーズが高かった。

さらに，われわれは質問紙調査の結果を受けて，インクルーシブデザインワークショップも実施した（図3.2.6）。日ごろから患者搬送業務にかかわる医師や看護師とともに，患者搬送のプロセスに必要な装置を改めて議論し，その方向性をビジュアル化して以下のように整理した。

＜インクルーシブデザインワークショップも含め整理された患者搬送支援機器の試作の方向性＞

（1）What/Which（何の問題を解決するか）： ベッドや車いすでの移動負担を軽減でき，アシストする。

（2）Who（誰が使うのか）： 医師系，看護系および技師系が対象の患者を運ぶときに利用。

（3）When（いつ使うのか）： ケア提供者全般が時間に限定されず自由に利用できる。

（4）Where（どこで使うのか）： 病棟と検査室・手術室・診察室の区間でおもに利用できる。

（5）How（どのように負担を軽減しアシストするのか）： 自動運転および遠隔操縦までやるべきという意見と，患者の搬送の重要性を考慮してリモコン・

図 3.2.6　医師や看護師を交えたインクルーシブデザインワークショップの実施風景

ラジコン・人についていく機能などまでに止めるべきではないかという意見に分かれた。ここについてわれわれは現場の十分な意見を得て，病院スタッフの負担の軽減や将来に向けた効率的な病院運営（人件費の削減効果など）を総合的に勘案し，自動運転機能を付与した患者搬送支援機器を試作することが時宜にかなっていると判断するに至った。

3.2.3　試作の概要：自動運転技術と電動車技術の融合

　とくに，慶應義塾大学病院で需要が最も多かった「患者搬送機器」については，前記のインクルーシブデザインワークショップなどの定性調査を重ねて，自動運転を視野に搬送機器を試作し，将来的に看護師などのケア提供者の体力的・心理的負担を大きく軽減する可能性を追究することにした（図3.2.7）。将来の病院外の活用ニーズ，たとえば鉄道駅や空港の構内，ショッピングセンター内などでの高齢者や障がい者などの搬送も想定し，本試作開発では，①電動で排ガスや騒音を気にせず建物内で活用できるエコデザイン，②電動車と技術的親和性が高い自動運転機能を付与し，被搬送者の障がいに関係なく目的地をモニターで定めるだけでそこまで運んでくれるユニバーサルデザイン，③電動で部品点数を減らすことによる車輌管理者のメインテナンス負担軽減の具現化，を主要概念とした。病院スタッフのニーズを考慮し，今回試作車輌の構成，各部の概念を次のように設定した。

　(1) 全体構成：　人との共存，人に優しい操作性をテーマに設定した。家電感覚でのわかりやすい表示，および操作機器でマンマシンインタフェースのレベル向上を具現化する。

　(2) 安全ユニット：　搭乗者と周囲の人の並行的な安全確保に注力する。具体的にはレーザーセンサー技術を十分に活用しながら，障がい物検知などを円滑に実施できるようにする。

　(3) 車載端末ユニット：　わかりやすい画面表示と遠隔応答機能による安全・安心感の確保ならびに向上を実現する。現場では看護師が遠隔応答できる状況を想定し，試作を行なう。

　(4) 搭乗ユニット：　乗降時の安全確保や快適な乗り心地の実現をめざし，安全性の高いステップ構成を実現する。できるだけ多くの高齢者や障がい者が

乗りやすいようにする。

（5）駆動ユニット： 安定した走行操舵性能の実現，および長時間稼動・簡単充電ができるものとして信頼性を高める。効率的な運用ができるようにしエ

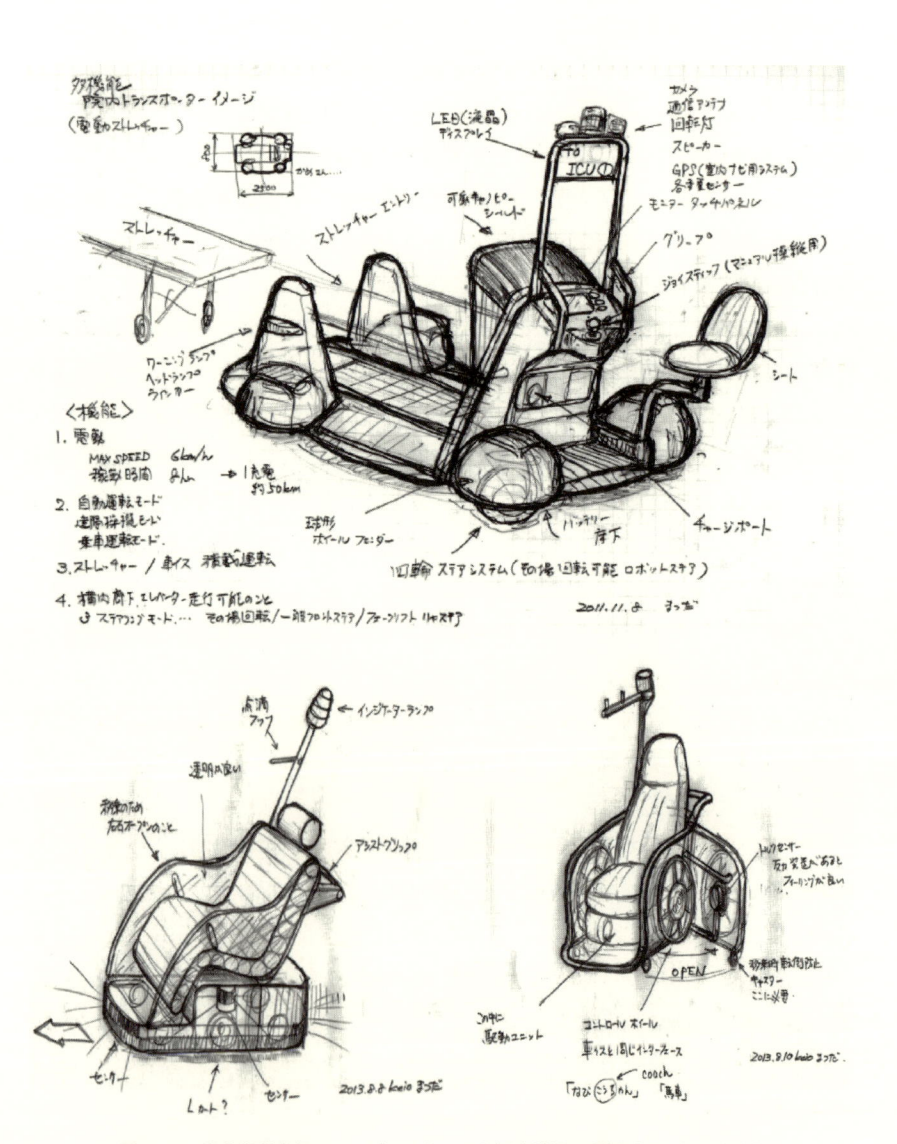

図3.2.7　患者搬送車輌のアイデアスケッチと概念構築の過程　[画：松田篤志]

コデザインにつなげる。

（6）制御・通信ユニット：　安定した走行誘導性能の実現と，病院環境独自の通信環境に適応する。通信信頼性の確保を実現して，トラブルによる運休を回避できるようにする。

（7）フレームユニット：　メインテナンスの性能を考慮した軽量構造として，材質的にも整備がしやすいものとする。ランニングコストの低下につなげられるように試作を行なう。

（8）インテリアデザイン：　移動情報が見やすいカラーとする。快適性や清掃性を同時に満たすデザインとする。情報の操作や収集をモニター画面で一括で行なうものとする。

（9）エクステリアデザイン：　見た目がシンプルかつクリーンなイメージとして，開放感を与え汎用性を向上させる。患者が継続乗車をしていても快適性が高い空間づくりを行なう。

今回試作した自動運転機能付きで電動の患者搬送ユニットは図 3.2.8 のとおりである。図 3.2.9 は車輌の寸法を示したものである。おもな機器の仕様は以下のとおりに整理される。台車長 = 1000 mm，台車幅 = 700 mm，台車高 = 全高 1930 mm，台車部 1120 mm，台車重量 = 100 kg，ホイールベース = 555 mm，トレッド = 470 mm，走行用モーター = 100 W × 2 個，走行可能段差

図 3.2.8　今回試作した自動運転機能付き電動患者搬送車（完成時点）

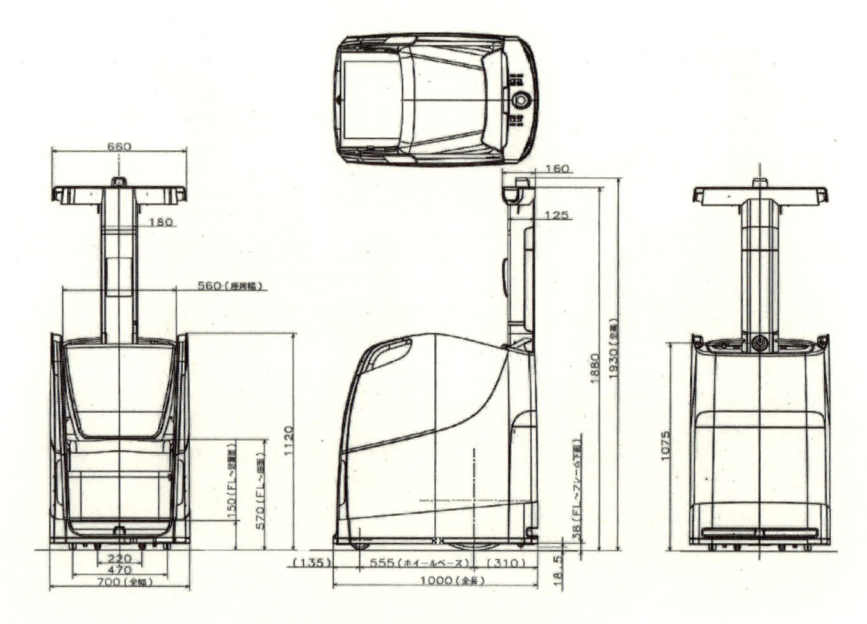

図 3.2.9　試作した電動患者搬送車輌の寸法

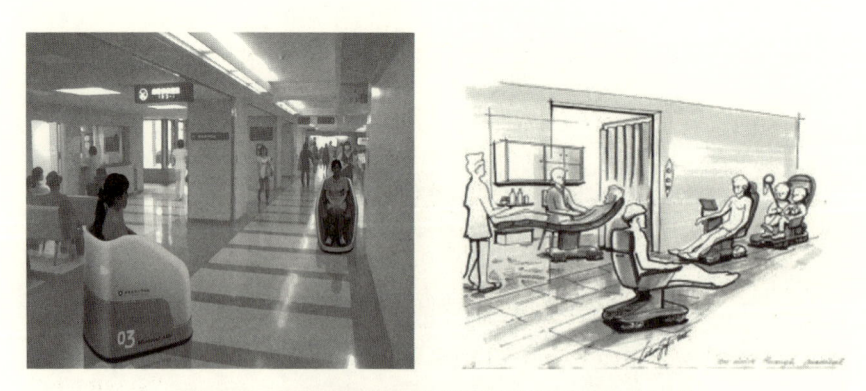

図 3.2.10　自動患者搬送車輌の将来的な院内での走行イメージ

= 10 mm，走行可能溝幅 = 30 mm，連続走行可能時間 = 4 時間（1 充電あたり）．
　あわせて，図 3.2.10 のような院内走行イメージを描き，図 3.2.11 のとおりに安全機能を施しており，病院内の周囲の人間およびその他障がい物を検知するセンサー類も設置している．

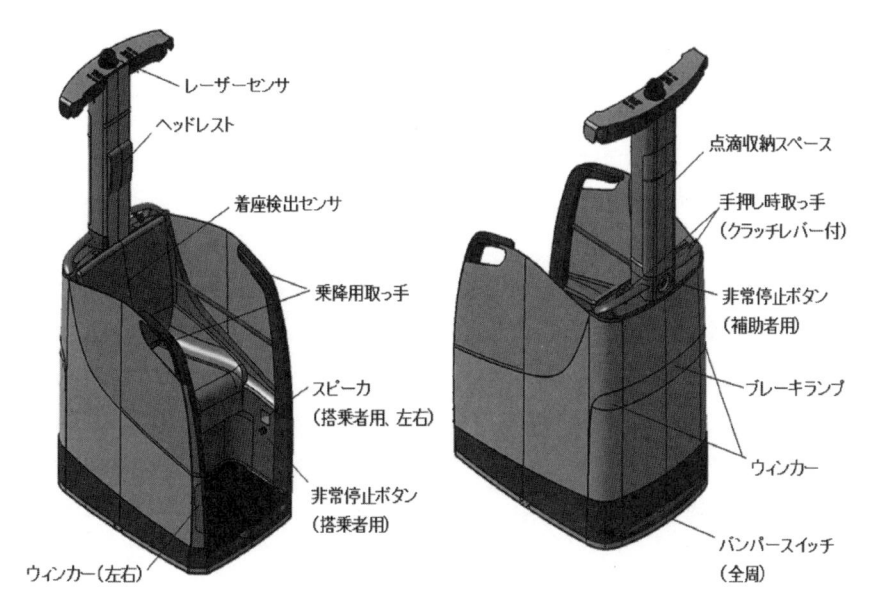

3.2 病院などの屋内を対象にした一人乗り用電動自動運転車　71

図 3.2.11　試作した車の安全対策の概要

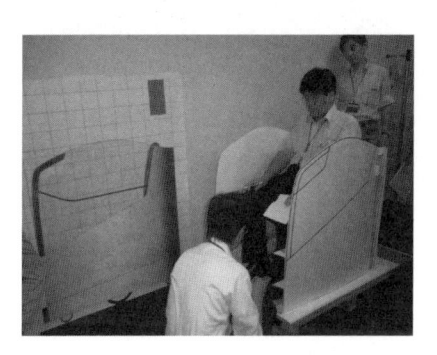

図 3.2.12　モックアップによる自動患者搬送車輛のデザイン検討状況

　図 3.2.12 はモックアップによる自動患者搬送車輛のデザイン検討状況である。座っているのが西山で，筆者のような大柄の人をはじめ，いろいろな身体特徴の人の乗車をモックアップで慎重に検討して開発を行なった。図 3.2.13 は自動患者搬送車輛の使用シーンである。行きたい場所を座席右横設置のモニターで指定するだけで，エレベーターによる垂直移動も可能とした。エレベー

ターに台車が近づくと，台車専用モードにエレベーターが切り替わる．ケアスタッフの負担が大きい垂直移動を削減できる効果はたいへん大きく，病院スタッフの評価も高かった．

　図 3.2.14 のとおり，今回，慶應義塾大学では豊田自動織機と協働し，2 台の自動患者搬送車輌を試作した．これにより，慶應義塾大学病院内で 2 台のすれ違い走行が可能かどうかも検証し評価を行なった．すれ違いもおおむね問題なく行なわれて，実用にいっそう近い形での走行試験をした．図 3.2.15 は自動患者搬送車輌の走行システムであり，図 3.2.16 が患者移動搬送車輌の試験的運用のイメージである．また，図 3.2.17 が行きたい場所を指定しやすいよう

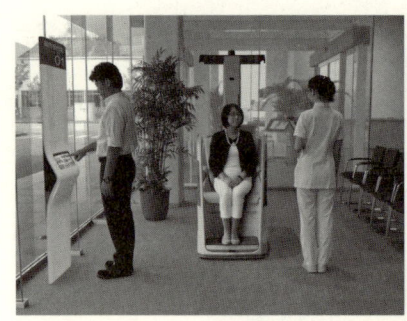

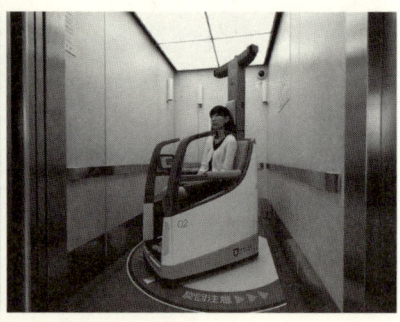

図 3.2.13　自動患者搬送車輌の使用シーン
行きたい場所を指定すれば，エレベーターによる垂直移動も可能とした．台車が近づくと，エレベーターが台車専用モードに切り替わる．ケアスタッフの負担が大きい垂直移動を削減できる効果は大きい．

図 3.2.14　試作した 2 台の自動患者搬送車輌
慶應義塾大学が豊田自動織機と協働して製作した．これにより，慶應義塾大学病院内で 2 台のすれ違い走行が可能かどうかも検証評価した．

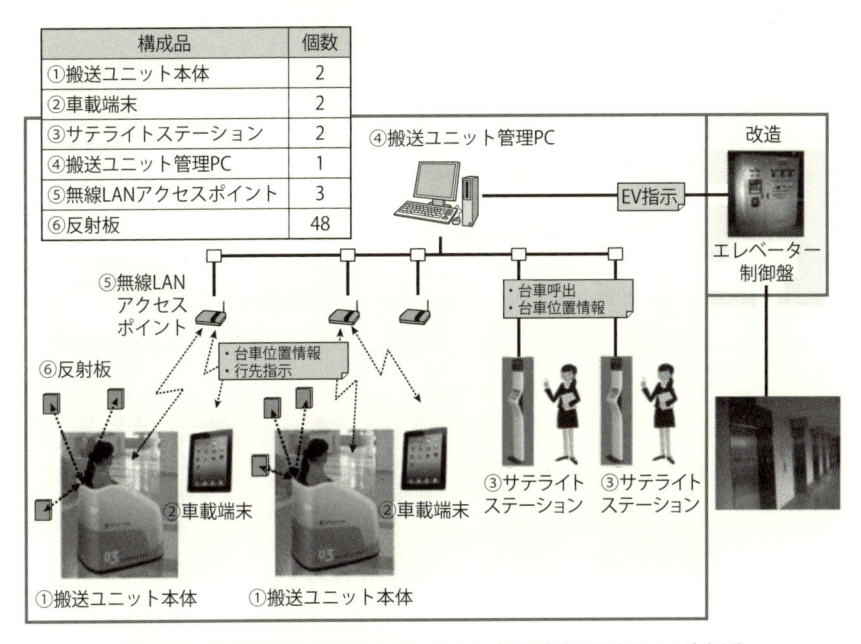

3.2 病院などの屋内を対象にした一人乗り用電動自動運転車　73

構成品	個数
①搬送ユニット本体	2
②車載端末	2
③サテライトステーション	2
④搬送ユニット管理PC	1
⑤無線LANアクセスポイント	3
⑥反射板	48

図3.2.15　自動患者搬送車輌の走行システム（慶應義塾大学病院での試走例）

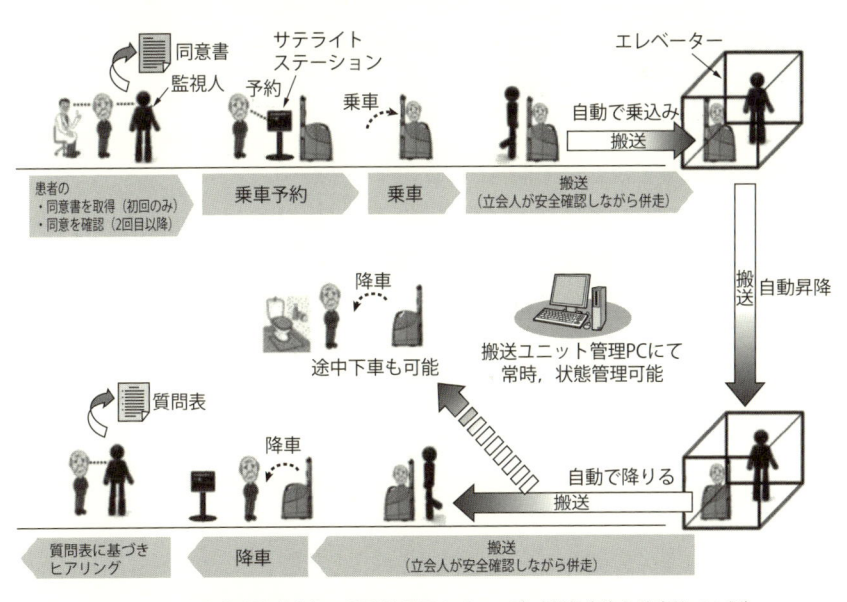

図3.2.16　患者移動搬送車輌の試験的運用のイメージ（慶應義塾大学病院での例）

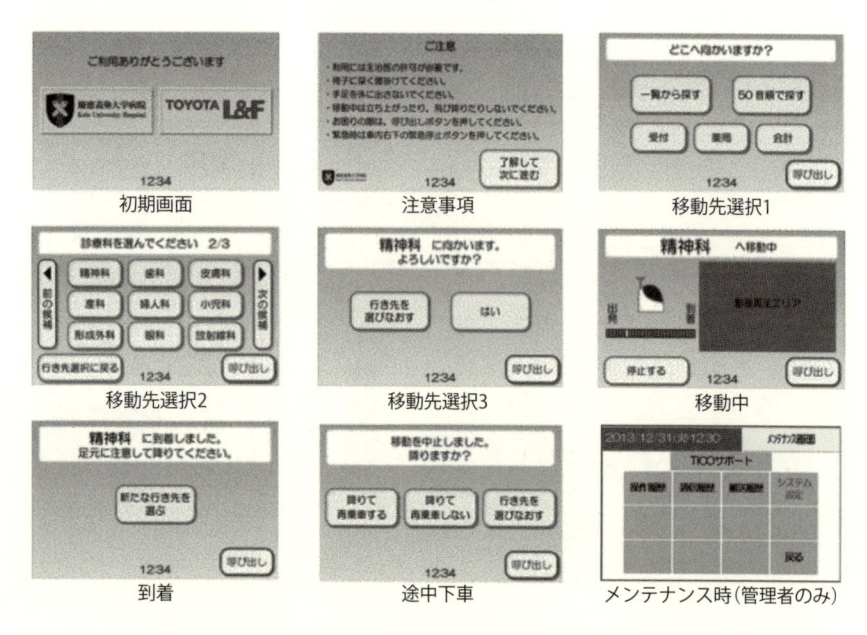

図 3.2.17　行きたい場所を指定しやすいようにしたモニターの画面

にしたモニターの画面である。いずれも，慶應義塾大学病院内での試走をイメージしたものである。これを病院その他の走行環境にカスタマイズすることで運用を行なうこととなる。

　図 3.2.18 は，自動患者搬送車輌を呼び出す停留所（サテライトステーション）と，行きたい場所を指定するために車輌へ備え付けたモニターである。停留所を病院内に設置し試験走行を実施した。図 3.2.19 は停留所（サテライトステーション）の画面の遷移を示したものである。

　図 3.2.20 は，ケアスタッフが確認する自動患者搬送車輌のモニタリング PC の画面遷移である。こうした工夫で，患者の安心安全を保つ。図 3.2.21 は，自動患者搬送車輌の試験走行時のエレベーターサイドの運用状況である。こうして車自体の動向をしっかりチェックし，患者の安全と安心を第一に設計コンセプトを議論・整理し，システムの試作を行なった。

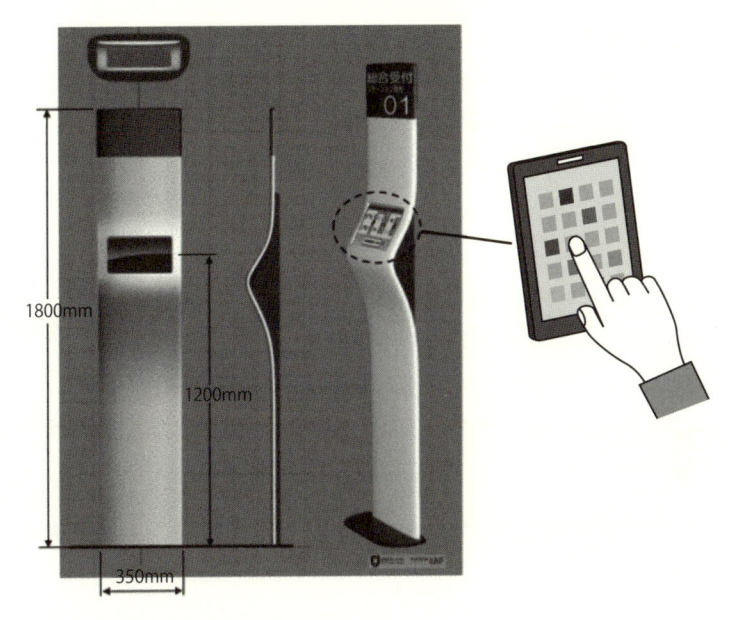

3.2 病院などの屋内を対象にした一人乗り用電動自動運転車　　75

図 3.2.18　自動患者搬送車輛を呼び出す停留所（サテライトステーション）のモニター

停留所を病院内に設置し，試験走行を実施した。行きたい場所を指定するために，車輛にはタブレットを備え付けた。

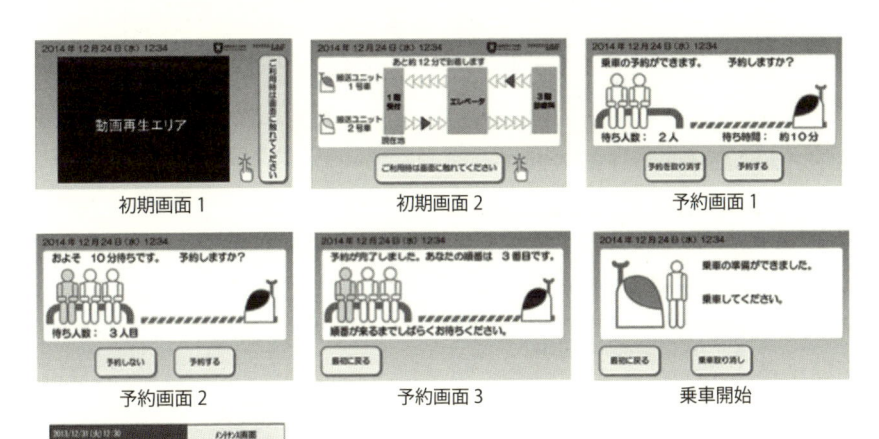

初期画面 1　　　　　初期画面 2　　　　　予約画面 1

予約画面 2　　　　　予約画面 3　　　　　乗車開始

メンテナンス時（管理者のみ）　　**図 3.2.19　停留所（サテライトステーション）の画面の遷移**

3.2.4　電動自動運転車の検証と患者の評価

　筆者は，院内での患者の自動移動の手段として病院内患者移動支援システムを実用化するための必要な知見を得る目的で，患者や医療スタッフを対象に試走評価を行なった．具体的には次の3点を目標にした評価調査として，搬送車輌の有用性をみることにした．

- 病院内のヒトと共存する安全技術の目処付け
- 本格製品化に向けた技術的課題の洗い出し
- 本格的普及に向けた戦略に盛り込むべき知見の整理

　期間は2014年7月28日～10月10日とした．慶應義塾大学医学部研究倫理審査委員会の審査を経て，外来が混雑する午前中を除き，以下の日程で評価を

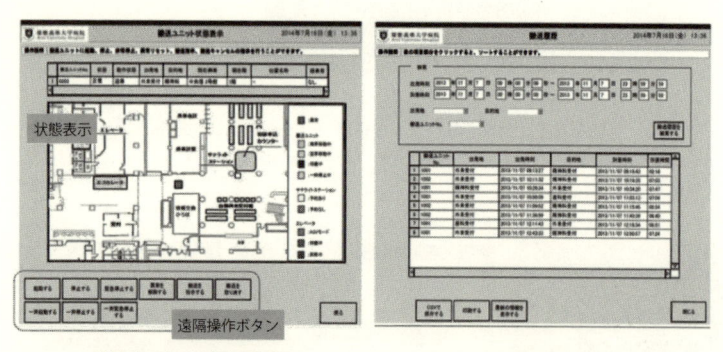

状態表示および遠隔操作　　　　　搬送履歴

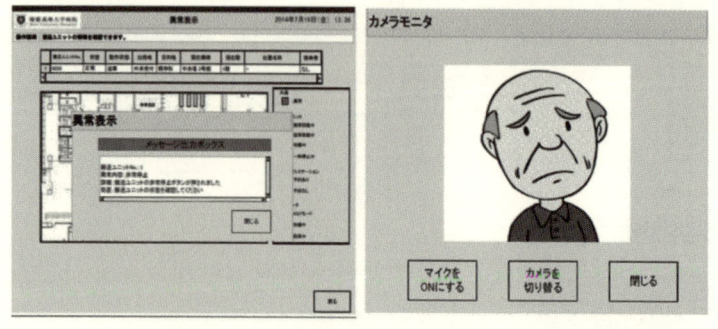

異常表示　　　　　オペレーターコール時の会話画面

図 3.2.20　ケアスタッフが確認する自動患者搬送車輌のモニタリング PC の画面イメージ

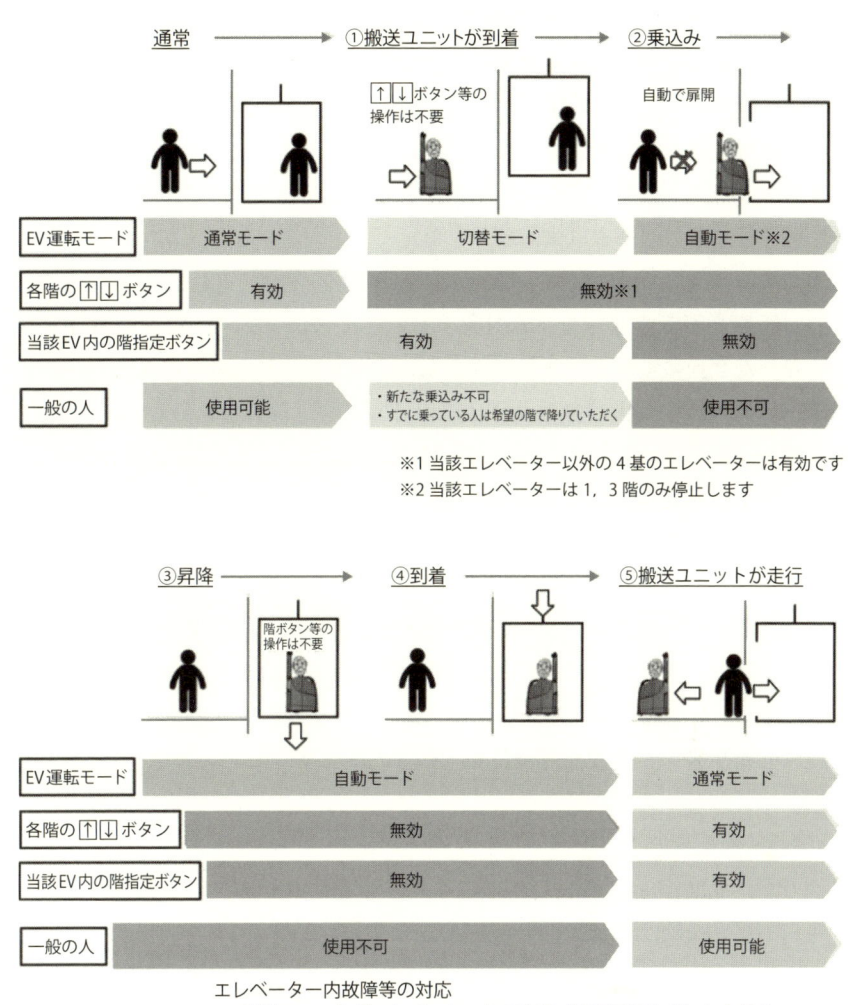

3.2 病院などの屋内を対象にした一人乗り用電動自動運転車　77

	通常	①搬送ユニットが到着	②乗込み
EV運転モード	通常モード	切替モード	自動モード※2
各階の↑↓ボタン	有効	無効※1	
当該EV内の階指定ボタン	有効		無効
一般の人	使用可能	・新たな乗込み不可 ・すでに乗っている人は希望の階で降りていただく	使用不可

※1 当該エレベーター以外の4基のエレベーターは有効です
※2 当該エレベーターは1, 3階のみ停止します

	③昇降	④到着	⑤搬送ユニットが走行
EV運転モード	自動モード		通常モード
各階の↑↓ボタン	無効		有効
当該EV内の階指定ボタン	無効		有効
一般の人	使用不可		使用可能

エレベーター内故障等の対応
1. 搬送ユニットがエレベーター内で故障（通信不良など）した場合
　　1, 3階のどちらかでEV扉の開いた状態で停止，管理PCに異常を通知
2. エレベーター自体が故障した場合
　　現状同様，EV内非常ボタンを押し，外部と通話して指示に従う
3. 慶應義塾大学のスタッフが常時同行し異常処置を行なう

図 3.2.21　自動患者搬送車輛の試験走行時のエレベーターサイドの運用

実施した.
- ステップ1: 7月28日〜8月1日 14:30〜18:30（1台運行・試験的観点で医療従事者のみを対象とした）
- ステップ2: 8月4日〜8月29日 14:30〜18:30（1台運行・患者と医療従事者の双方を試乗対象とした）
- ステップ3: 9月1日〜9月19日 12:00〜18:30（1台運行・患者と医療従事者の双方を試乗対象とした）
- ステップ4: 9月22日〜10月10日 12:00〜18:30（2台運行・患者と医療従事者の双方を試乗対象とし，このステップ4の期間は試作を行なった2台のすれ違い運転がうまくいくかを見ることも目標とした）

乗車区間は，病院入口付近から3階の外来診察室前に限定した（図 3.2.22）. 見えない線路のようなシステムとし，前記の装置を活かして定位置を追跡し，指定区間を進む方式となっている.

最終的に搭乗者数は合計 336 人にのぼった. 患者が 288 人, 医療従事者（医師・看護師・事務スタッフなど）が 48 人であった. 患者については，主治医の搭乗許可カードを持ち，本人が試乗を希望した患者にのみ協力してもらった. 医療従事者は，本人が希望した場合に協力してもらった. 搭乗者全体の推移は図 3.2.23, 患者構成は図 3.2.24 のとおりになった.

搭乗した患者の定量的な評価結果は図 3.2.25 に整理した. 総括すると,「安心感」や「普及・利用意思」をはじめ，おおむね高い評価を患者から得られた. ただし,「速度感」や「周囲の目」,「端末配置」については不満を感じる人が多かった. 速度は当初，介助者がゆっくり付き添えるように 1.2 km/h としたが, 遅さに不快感を抱く患者が目立ち，調査期間後半は病院の本件関係者の許可を得て 1.8 km/h とした. それでも自由意見で不満が多く，今後は周囲の歩行者にも安全で，搭乗者が不快感を抱かない適正な速度の割り出しが課題である（図 3.2.26）. 行き先を指定可能な端末装置は，右手のアームレストの前方に配置したが，座高や体形により扱いにくいので，位置を変えられるように今後は改良したい. 周囲の目があり恥ずかしいという意見もあり，この改善方策も今後の検討課題である（図 3.2.27）.

患者の評価結果のうち，自由意見は次のとおりになった. 総じて, 所用時間

3.2 病院などの屋内を対象にした一人乗り用電動自動運転車　79

慶應義塾大学病院　旧病棟　中央棟〜2号館
外来受付(1F) ⇔ エレベーター ⇔ 精神科・歯科受付(3F)　片道約75m(所要時間約7分)

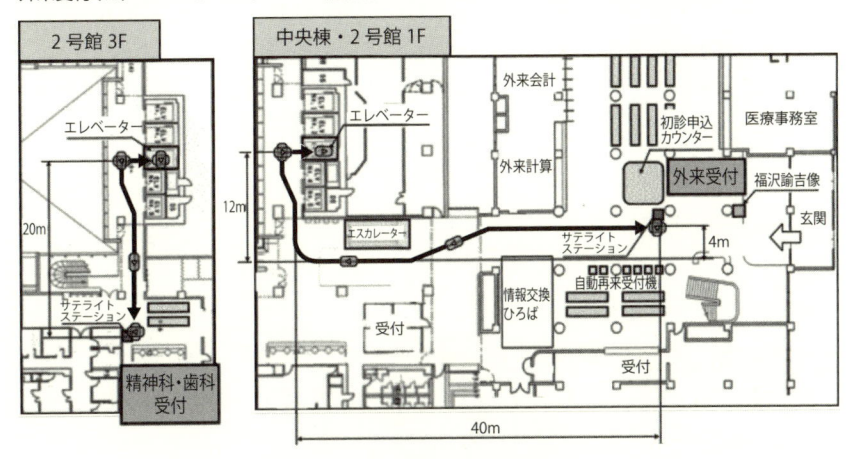

図 3.2.22　実証実験を行なった経路
1F受付と3F精神・神経科／歯科受付の区間とした。

(1) 総数336名（患者288名，医療従事者48名）
　　目標230名を106名（46％）上まわる

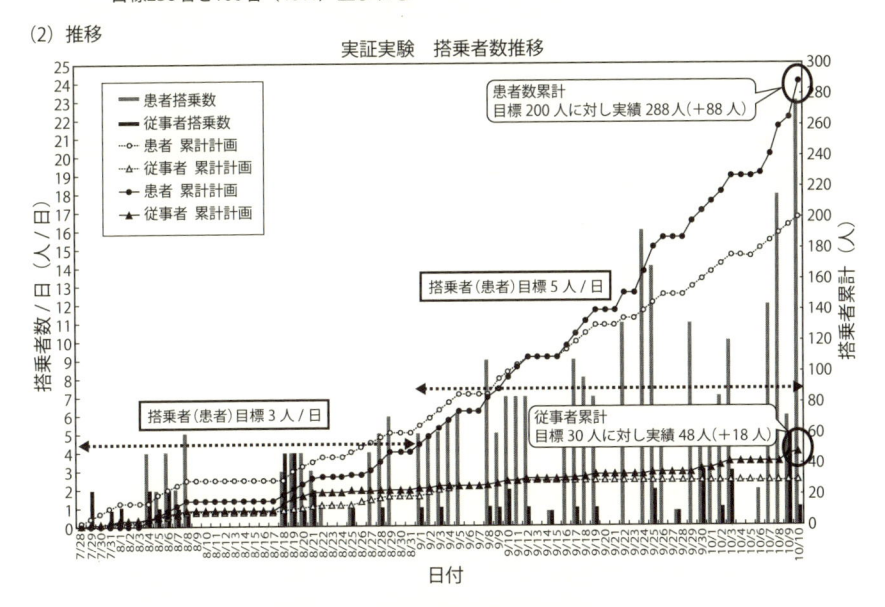

(2) 推移

図 3.2.23　実証実験の搭乗者数の推移

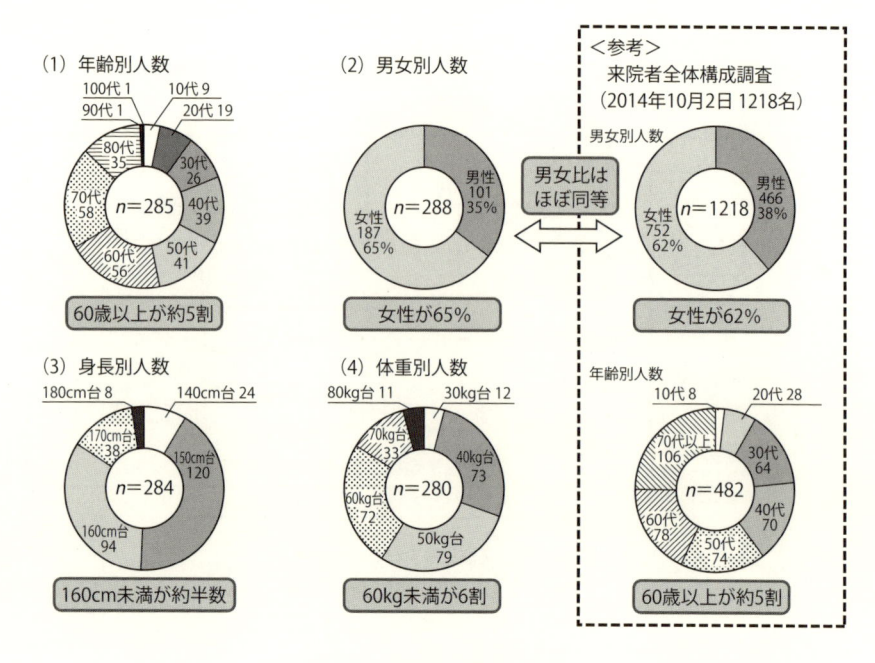

(1) 年齢別人数
- 100代 1
- 90代 1
- 80代 35
- 70代 58
- 60代 56
- 50代 41
- 40代 39
- 30代 26
- 20代 19
- 10代 9

$n=285$

60歳以上が約5割

(2) 男女別人数
- 男性 101 35%
- 女性 187 65%

$n=288$

女性が65%

男女比はほぼ同等

＜参考＞来院者全体構成調査（2014年10月2日 1218名）

男女別人数
- 男性 466 38%
- 女性 752 62%

$n=1218$

女性が62%

(3) 身長別人数
- 180cm台 8
- 170cm台 38
- 160cm台 94
- 150cm台 120
- 140cm台 24

$n=284$

160cm未満が約半数

(4) 体重別人数
- 80kg台 11
- 70kg台 7
- 60kg台 72
- 50kg台 79
- 40kg台 73
- 30kg台 12

$n=280$

60kg未満が6割

年齢別人数
- 10代 8
- 20代 28
- 30代 64
- 40代 70
- 50代 74
- 60代 78
- 70代以上 106

$n=482$

60歳以上が約5割

図 3.2.24 搭乗した患者の内訳

がかかることへの不満が多いために，これを改善する方策について今後研究を進める必要性がある．

- 速度が遅い，時間がかかる（72件）
- 姿勢異常，障害物検知で頻繁に停止する（7件）
- 一時停止後の再発進が遅い（4件）

3.2.5 電動自動運転車の検証と当該分野専門家による評価

さらに，同期間に慶應義塾大学病院と関係が深い全国7病院の病院長クラスの医師やリハビリテーションの専門家に試乗してもらい，総体的な評価結果が次のようになった．

(1) 運用イメージ

今回の実験のような慶應義塾大学病院での外来患者が受付から診療科の区間でフリー乗車する形よりは，病棟から検査室・リハビリテーション室のように

3.2 病院などの屋内を対象にした一人乗り用電動自動運転車

評価項目（患者全体結果288人）

乗り心地：
- 乗車性：よい94 / 悪い6
- 降車性：よい84 / 悪い16
- 座り心地：よい87 / 悪い13
- 速度感：よい51 / 悪い49 【不評】
- 加減速度：よい63 / 悪い37
- 乗り心地全般：よい94 / 悪い6

印象：
- 周囲の目：よい57 / 悪い43 【不評】
- 外観デザイン：よい86 / 悪い13
- 内装デザイン：よい86 / 悪い14
- 安定感：よい89 / 悪い11
- 周囲の速度感：よい76 / 悪い24
- 周囲の恐怖感：よい88 / 悪い12
- 音量：よい84 / 悪い16

車載端末：
- 端末配置：よい53 / 悪い47 【不評】
- 案内指示：よい87 / 悪い13
- ボタンサイズ：よい86 / 悪い14
- 文字サイズ：よい79 / 悪い21
- 全体見やすさ：よい77 / 悪い23
- 応答性：よい86 / 悪い14

サテライトステーション：
- 文字サイズ：よい80 / 悪い20
- 応答性：よい83 / 悪い17
- 外観：よい73 / 悪い27

普及・利用意思：よい85 / 悪い5 【好評】

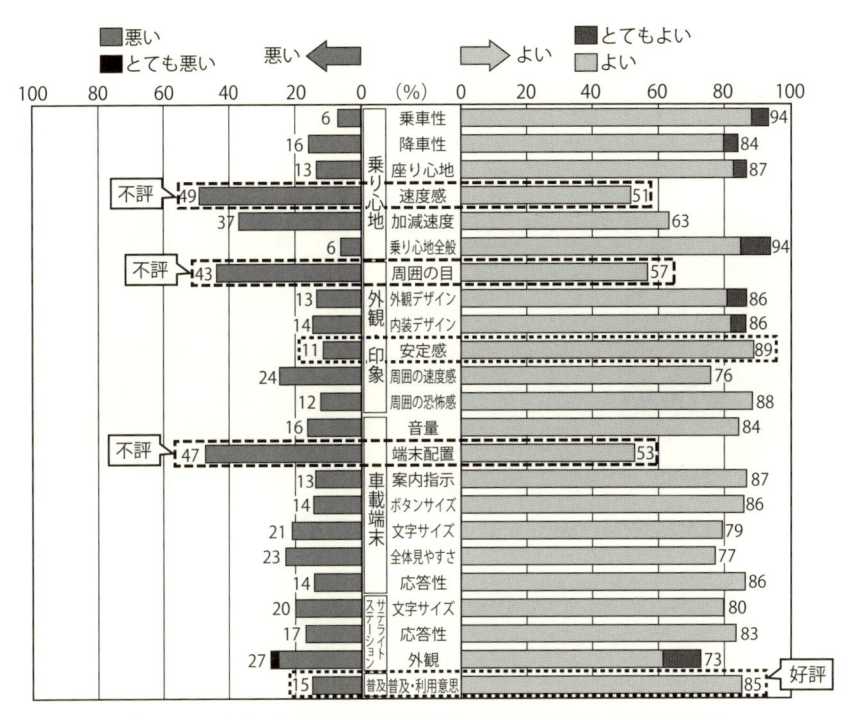

図 3.2.25　患者からの自動患者搬送車輌への評価（患者全体結果 288 人）

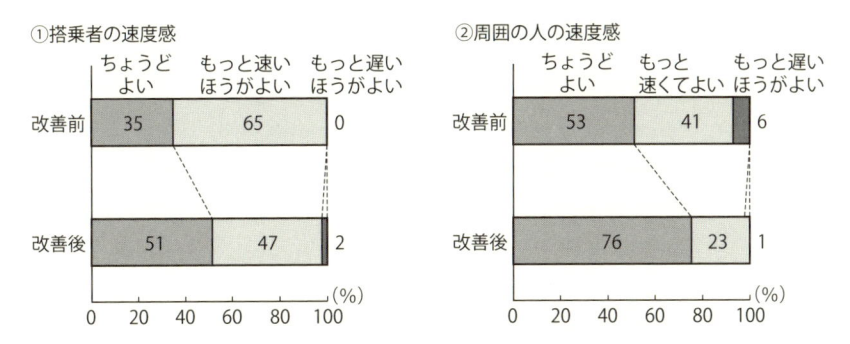

図 3.2.26　速度を 1.2 km/h から 1.8 km/h に加速する前後の評価

①搭乗者の速度感

	ちょうどよい	もっと速いほうがよい	もっと遅いほうがよい
改善前	35	65	0
改善後	51	47	2

②周囲の人の速度感

	ちょうどよい	もっと速くてよい	もっと遅いほうがよい
改善前	53	41	6
改善後	76	23	1

改善前 17 人（7/28 〜 8/5），改善後 200 人（9/9 〜 10/10）。

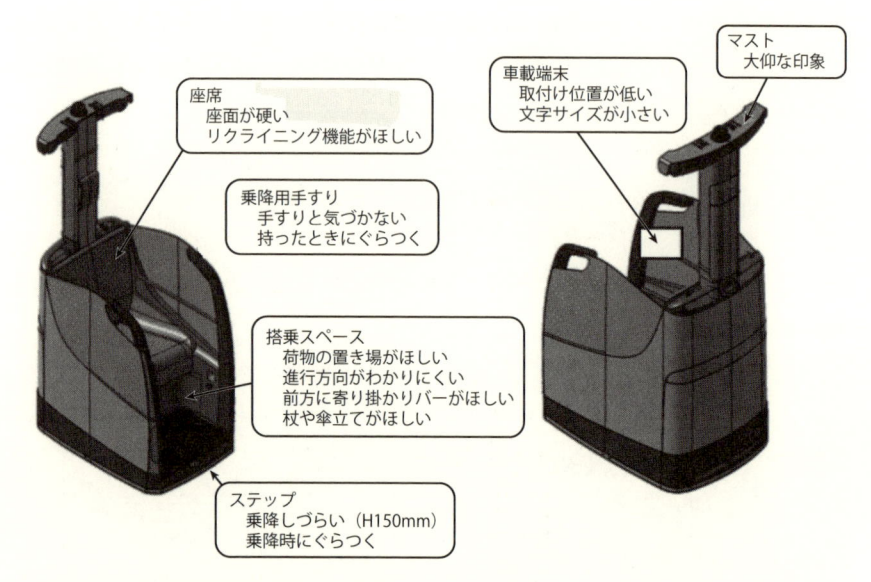

82　第3章　モビリティ社会創造に向けた実例

（図中ラベル）

- マスト
  - 大仰な印象
- 座席
  - 座面が硬い
  - リクライニング機能がほしい
- 車載端末
  - 取付け位置が低い
  - 文字サイズが小さい
- 乗降用手すり
  - 手すりと気づかない
  - 持ったときにぐらつく
- 搭乗スペース
  - 荷物の置き場がほしい
  - 進行方向がわかりにくい
  - 前方に寄り掛かりバーがほしい
  - 杖や傘立てがほしい
- ステップ
  - 乗降しづらい（H150mm）
  - 乗降時にぐらつく

部位	指摘・要望事項	改善案
搭乗スペース	荷物の置き場がほしい	収納型テーブルを準備
	進行方向がわかりにくい	視認性のよい位置にウィンカーを準備
	前方に寄り掛かりバーがほしい	収納型テーブルと兼用のバーを準備
	杖や傘立てがほしい	長物用のホルダーを準備
座席	座面が硬い	座面のクッション材見直し サスペンション機構の検討
	リクライニング機能がほしい	リクライニング機能の検討
乗降用手すり	手すりと気づかない	手すりを意識させる意匠検討
	持ったときにぐらつく	手すりの構造再検討
ステップ	乗降しづらい（H150mm）	ステップ下部品の配置再検討
	乗降時にぐらつく	バックラッシの小さい制動機構を検討
車載端末	取付け位置が低い	自在アームなどで配置の自由度を高める
	文字サイズが小さい	サイズ選択機能や配置見直しで適正化
マスト	大仰な印象	SLAM方式の採用によりマストレス化

図 3.2.27　自動患者搬送車輛のインテリア・エクステリアの改善ニーズ

ルートを特定した運用をしたいという意見が多かった。すなわち，外来よりも病棟志向が強く，フリー乗降では現状環境で怪我の可能性が捨てきれない模様で，限定的な環境でないと院内全体の合意が取りがたいという意見も7つの病院から出され，要検討事項として抽出されている。

(2) 期待効果

患者へのサービス向上，看護師や看護助手，患者搬送を委託する事業者のスタッフの業務負荷軽減が目的にされていることはわかるが，慶應級の大病院では効果が大きい。中小規模でどのような効果が出るかが普及の鍵になるはずで，検証の必要性が示された。

(3) 導入へ課題

導入コスト（費用対効果が成り立つかどうか）が明確にならないと，一部大手病院以外は導入への意思決定面できびしいとの声が目立った。病院経営に貢献できるシステムおよび運用のイメージづくりが全国病院への普及を促すには必須だという意見が大勢であった。

3.2.6 まとめ —— 将来の展開と応用可能性

筆者は，究極的にこの自動患者搬送車輌を病院外へ広く普及させたいと考えている。具体的には，鉄道の駅の構内，バスターミナル，空港の構内，港の構内などの交通結節点の中から，ショッピングセンターやデパート，宿泊施設内部まで，さまざまな利活用の可能性があると考えている。垂直移動が必要で，空間的に広い場所では，自動で移動できるこうした車の有効性が高い。筆者らが今回試作を行なった自動患者搬送車輌は，いまだに量産普及への第一歩にすぎない。しかし，2014年度のグッドデザイン賞も受賞できて，そのデザイン性や社会的必要性が評価されはじめたところである。**図 3.2.28** をみてもわかるように，院内はもちろん病院以外への普及を期待する患者らの意見も確認できている。

今回の試作と評価試験の結果を基に，筆者はさらなる試作と試験を推進し，日本の国内，さらには世界的にこうした自動搬送車を普及させ，移動権＝モビリティを確保し，誰もが自由に社会参加できるおもてなし度＝ホスピタリティの高い国際社会を構築したい。

① 普及・利用希望の割合

今後普及・利用を希望しますか？

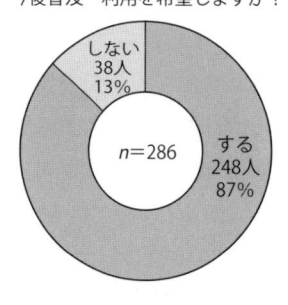

- しない 38人 13%
- する 248人 87%
- n=286

② 普及に関するおもな意見

区分	意見
病院経営層	病院内でも多様な用途がありそう（病院長）
	リハビリセンターへのルート延長ができないか（副院長）
	安全な乗り物であることのアピールが必要（看護部長）
患者	他の施設にも普及させてほしい （空港，デパート，美術館，ホテルなど）
	病院内の別ルート，他病院で増やしてほしい （病棟，検査室，リハビリ科，売店，トイレなど）
	不調時や体の不自由な人には助かる
	快適な乗物ができたので普及させてほしい
	高齢化社会のため今から普及させてほしい
	元気なうちは利用しない
医療従事者	院内での移動が多いケースに助かる
	タクシー乗場まで行けると便利
	これからの時代には必須アイテム
	エレベーターを占有するなど周囲の人には不便な面も多い

図 3.2.28　患者による自動患者搬送車輌のニーズと普及に向けた自由意見

図 3.2.29　パワーアシストする物流カート
今後は自動運転化し，負担を軽減したい。

3.2 病院などの屋内を対象にした一人乗り用電動自動運転車　85

院内での今後の改善のアイデアとしては次のようなものが考えられ，実践してみたい。「来院時は乗車してそのまま病院の受付を済ませる。本人と認証されれば，イレギュラーな移動指示も，たとえば『先に○○○で検査をしてきて！』という感じで出せ，自動移動させる。各所をまわった診療後は乗車したままで決済する（クレジット）。乗車したまま薬の手配まで完了させられる」。

高齢者や障がい者の移動抵抗を小さくするにはセキュリティも重要で，患者に確かな個人認証技術があれば，それと同期させていろいろなサービスが可能で，研究の要素となる。

また筆者は，病院内の物流をアシストする車の試作にもかかわり試作評価を進めてきたが，こちらでも自動搬送へのニーズが高い（図3.2.29）。ゆえに，こうした荷物搬送車輛との台車共通化も図り，病院に限らずさまざまな社会環境での物品搬送自動化も広く推進していきたい（図3.2.30，図3.2.31）。

図3.2.30　通院支援サービス
いずれは自宅から自動搬送車輛に乗車したままで患者を病院まで運搬するサービスを当たり前のものにし，自宅に帰るまでの移動抵抗の最小化に努めていきたい。［文部科学省研究「コ・モビリティ社会の創成」で研究メンバーが議論し描いたもの］

図 3.2.31　慶應義塾大学が試作した屋外用の自動運転電動車輌と自動物流車輌
2007〜2009 年度に文部科学省支援の「コ・モビリティプロジェクト」で試作したもの（筆者も関与）。こうした車が病院内に乗り入れるシナリオも期待され，移動抵抗の最小化に資する。

3.3　電動バンを用いた農都共生支援システム

3.3.1　JA の直売所の隆盛と農家の高齢化

　現在，地球温暖化が全世界的問題になっており，二酸化炭素を排出しない環境低負荷で，かつ低エネルギーの地域環境社会の創成が国内でも急務になっている。まさに地域の各種アクターが地域環境社会のエコデザイン化を志すことが必要であり，IT や低公害車などの最新技術をはじめとしてエネルギーマネジメントを実践し，スマートコミュニティを実現することが喫緊の課題になっている。筆者は，2011 年度から 2012 年度にかけて，スマートコミュニティの創造に向けて最新の動向や課題を産学官の関連機関の専門家からヒヤリングした。そのプロセスで 1 つの重要な問題を発見するに至った。

　読者の皆さんは，ドライブの最中に JA（Japan Agricultural Cooperatives；全国農業協同組合中央会が組織する農協グループの愛称）などが運営する野菜直売所が増えていることにお気づきではないだろうか。日本農業研究所研究報告『農業研究』第 23 号（2010 年）を見ると，驚く数字が書かれている。全国の野菜などの産物直売所の数が 16824 店で，5 年前に比べ 3286 店（24.3 %）も増え

ているというのである．筆者がこれについて JA へ追加でヒヤリングをしたところ，この傾向はあまり変わっていないということである．

上記の 2010 年時点の数字は，コンビニエンスストア最大手であるセブンイレブンの全国店舗数 12907 店（2010 年 8 月末）を大きく上まわっている．農産物関係の直売所が全国的にかなり精力的に展開されていることが明らかである．これは 1 農協あたり約 3 つの直売所を持っている数字だそうである．ちなみに運営主体の内訳は，農協 2314（13.8 %），第 3 セクター 463（2.8 %），地方公共団体 213（1.3 %），その他 13834（82.2 %）となっている．同書は，直売所増加の背景に，近年の食品に関する不祥事・事件の発生と，消費者側からの食に対する安全・安心ニーズの高まりがあると指摘している．

また，生産者側では高齢化が進んで共販体制の枠組みに乗り切れない生産者が増えるとともに，定年帰農者や新規就農者，女性農業者などが比較的直売所販売に参加しやすいという点が指摘されている．ただ，ここに問題が隠れていることを筆者は調査から知った．

問題なのは，高齢者農家であろうと小規模農家であろうと，開店時に野菜などの商品を直売所に運び込み，閉店時にはそれらを一度回収しに行くことが基本的なルールになっていることである．要は，直売所は販売スペースを農家に供与しているというスタンスであり，そこに農家の商品が商店街式で並べられているというのが直売所の構図である．すなわち，農家は 1 日に最低 2 往復は畑と直売所の間のトラック運送が必要な状況で，直売所を運営する JA などから不足する野菜を補充するようリクエストがあれば，さらに運送の手間が増えてしまう．農家にヒヤリングすると，この体力的・精神的負担や時間・費用面のコストが大きいこともわかった．とくに，いっそう増えている高齢者農家や小規模兼業農家でその傾向は顕著であった．また，コストを少しでも下げるために二酸化炭素を排出する旧式の軽トラックで運搬を行なう農家も相変わらず多いことを筆者は明らかにした．とくに，JA に対しても近年，国や自治体からエコの推進が求められており，増加傾向にある産物の直売所とその周辺でもエコデザインの推進が求められていることもわかった．

上記の結果をもって筆者は，農協の野菜直売所周辺のスマートコミュニティ化を効果的に支援する「青果物のエコ搬送システム」について研究することが

時宜にかなっていると判断し，2012年度から2014年度にかけて民間事業者と研究プロジェクトを推進した．

3.3.2 野菜の搬入と搬出の支援の必要性

当時筆者が所属した慶應義塾大学大学院システムデザイン・マネジメント研究科は，次の産公のアクターと協働して「青果物のエコ搬送システム」の研究を推進してきた．

（研究幹事機関）
- 慶應義塾大学（専門：次世代直売所での物流のシステムデザイン・マネジメント）
- 株式会社的（矢崎総業）（専門：情報技術，情報社会デザイン，社会ビジョン構築）

（技術やノウハウの供与による参加・協力機関）
- 株式会社インテリジェントセンサーテクノロジー（関係領域：味覚センサー）
- 神奈川県（関係領域：農政全般）
- 川崎運送株式会社（関係領域：運送全般）
- 株式会社ジーエスユアサ（関係領域：電気自動車用バッテリー）
- JAさがみ（関係領域：野菜直売所の運営）
- 谷電機工業株式会社（関係領域：高効率発電機）
- トッパンフォームズ株式会社（関係領域：「メカクール」などの簡易冷蔵システム）

以上の産公学の研究体制を組み，2012年度以降も本件にかかわる55の専門機関からのヒヤリングを基に，次の3つの社会的背景が全国的な地域問題であることがわかってきた．

- 全国的にJA野菜直売所が急増しており，農業と都市生活者を結ぶ拠点として注目を浴びている．地域によってはコンビニエンスストア並みに増えているところもある．
- 急増している野菜直売所にも，環境低負荷・低エネルギーでの運営が地域政策的に求められている．ただし，それを実現するための具体的な方策の

3.3 電動バンを用いた農都共生支援システム 89

検討が遅滞している。
- 農家が野菜の搬入・搬出を自ら行なっているが，朝夕の多忙な時間帯に複数の直売所をまわることが高齢化する農家に大きな負担で，本負担を軽減することも急務である。

これは，慶應義塾大学が位置し研究フィールドとしてきた神奈川県に限らない全国的に共通の問題であり，都市生活者の食環境とダイレクトにかかわる問題であることもわかった。野菜直売所の持続可能性にもつながる問題である。そこで慶應義塾大学では，上記の各関係機関と体制を組んで，上記の問題を解決するエコ搬送システムの概念を構築した。

各方面へのヒヤリングから，次世代の直売所運営に向け農家のコストや体力的・精神的負担を軽減し，野菜直売所周辺のエコデザイン化を実現し，野菜購買者の安全・安心を保つおもてなし度合いが高い運搬システムを図 3.3.1 のように構築した。これもモビリティの改善によるホスピタリティレベルの向上を意図した地域社会モデルである。

具体的に，朝は直売所近辺の農家をまわり，午前 7 時 30 分から 8 時 15 分の

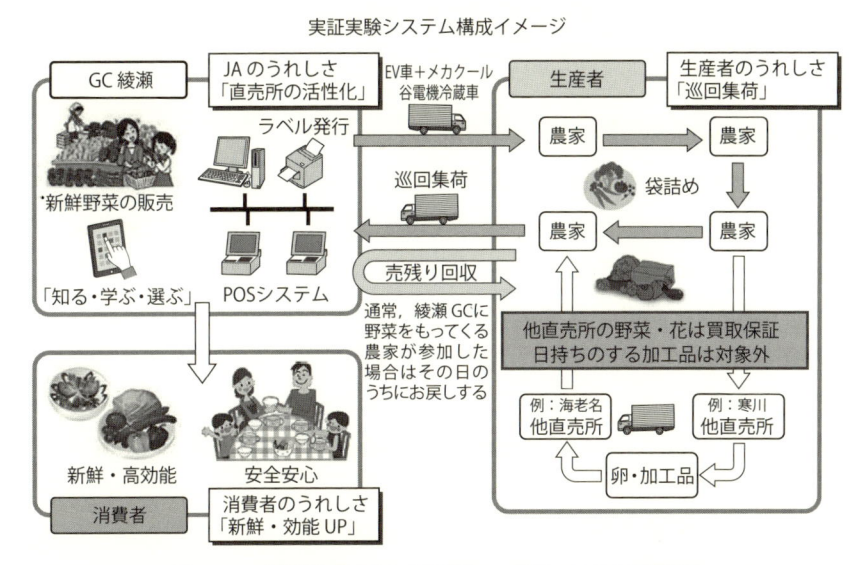

図 3.3.1 直売所を基点とした青果物エコ搬送システムの概念図

図 3.3.2　本実験に用いた三菱自動車の電動バン minicabMiEV の外観

間で直売所への野菜搬入を代替した。夕方は，店が閉店する 17 時以降に売れ残った野菜の農家への搬出を農家に代わって行なうこととした。この際，低騒音で二酸化炭素を排出しない電動のバン（ジーエスユアサ保有の三菱自動車 minicabMiEV を借用）に，電気を使わないエコ冷蔵システムであるメカクール（トッパンフォームズ提供）を載せ，「簡易冷蔵型エコ搬送システム」をつくって野菜搬送を実施した（図 3.3.2）。とくに現行の技術では，電動の冷蔵車輌の市販・普及までは時間を要すものと判断でき，上記のような低コストで手軽な「簡易冷蔵型エコ搬送システム」を検証・評価することにした。このシステムで高齢農家支援となり，まさに直売所野菜搬送でのエコデザイン＋ユニバーサルデザイン化の具現化をめざした。

3.3.3　青果物エコ搬送システムの実際

筆者は，簡易エコ搬送システムの実装を行ない，2014 年度の次の期間で実証実験をした。

- 2014 年 5 月 10 日開始　春季システム実証実験（2014 年 5 月 16 日までの 1 週間実施）
- 2014 年 8 月 31 日開始　夏季システム実証実験（2014 年 9 月 6 日までの 1 週間実施）
- 2014 年 12 月 10 日開始　秋季システム実証実験（2014 年 12 月 16 日までの 1 週間実施）
- 2015 年 2 月 21 日開始　冬季システム実証実験（2015 年 2 月 27 日までの 1 週間実施）

3.3 電動バンを用いた農都共生支援システム

春季と夏季は，三菱 minicabMiEV 電動バンの荷台一杯にメカクール（簡易冷蔵システム，高性能保冷剤により青果物を冷やす）を載せ，その中に運送の前日夜から当日朝にかけて獲った野菜を入れて運送した（図 3.3.3）。しかし，農家の駐車場内で毎回メカクールの開閉が必要となり，冷蔵ロスが生まれる可能性が実験途中でみえてきた。そのため協力する農家が3農家であることから，秋季と冬季は3軒分の小さめのメカクールを用意して，あらかじめ農家に渡しておき，野菜を入れた箱をそのまま電動バンに入れる方式に変更した（図 3.3.4）。

協力いただいた農家は，評価フィールドの直売所である JA さがみグリーンセンター綾瀬直売所に商品を日々卸している3軒のベテラン農家であった。このうち1つの農家は漬物などの加工品が中心で，残りの2つの農家は野菜や果物などの青果物を中心に卸している。

上記の全日で，電動バンの運転は川崎運送の専門ドライバーが行ない，慶應義塾の研究者が必ずアテンドし，農家と逐次的にコミュニケーションをとり，

図 3.3.3　春と夏は，電動バンの荷台一杯の大きめのメカクールに青果物を入れて運搬

図 3.3.4　秋と冬は，温度ロスを低減させる目的で，小型のメカクールを各農家へ配布して対応

92 　第 3 章　モビリティ社会創造に向けた実例

その内容を記録した。

　野菜直売所では，図 3.3.5 のとおりに銀色のシートの下にメカクール保冷剤を1段4つ敷いて温度管理を実施した。野菜に冷風が直接当たることを避ける

■メカクールシート

メカクールシートと冷凍設備稼働制御システムにより，冷凍倉庫の電気代削減に貢献します。
寸　法　910×1,200mm

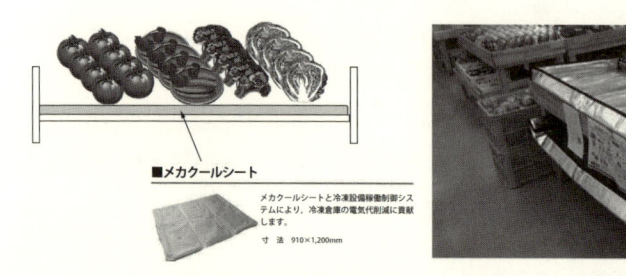

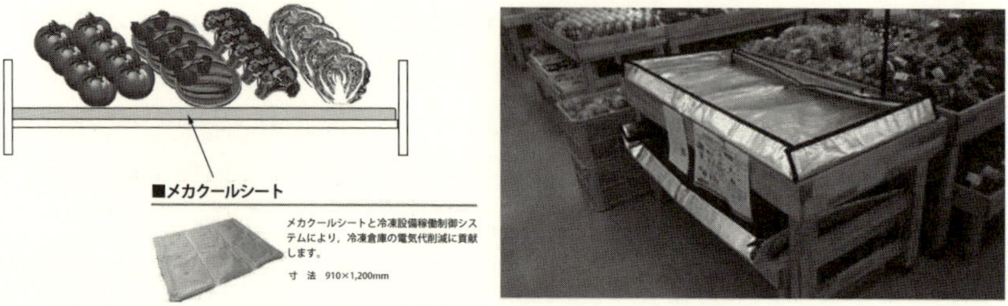

図 3.3.5　銀色のシートとメカクール保冷剤

　野菜直売所では，銀色のシートの下にメカクール保冷剤を1段4つ敷いて温度管理を実施している。野菜に冷風が直接当たることを避けるために，このような工夫をしている。

図 3.3.6　直売所での野菜陳列の状況（春実験） 　　図 3.3.7　直売所での野菜陳列の状況（夏実験）

図 3.3.8　直売所での野菜陳列の状況（秋実験） 　　図 3.3.9　直売所での野菜陳列の状況（冬実験）

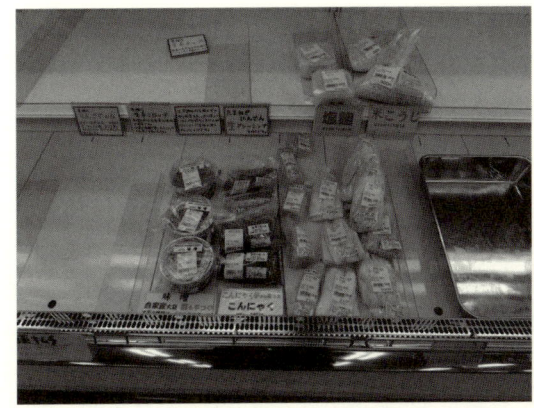

図 3.3.10 味噌，こんにゃく，漬物などの加工品や花卉類も可能なかぎり搬送

ために，このような工夫を施した．図 3.3.6〜3.3.10 は，実際の直売所での実験陳列の状況である．春夏秋冬でいろいろな青果物が直売所に並ぶので，外気ともども冷やす効果が維持されるかを検証し，おおむね良好な結果を得ている．

3.3.4 農業と都市生活者を結ぶ情報共有システムの概念と設計

上記の実証事業で地場の農産物の流通の最適化と効率化が実現され，高品質で希少性の高い農産物も供給されるようになるはずである．農産物そのものやその販売に関する情報へのニーズがますます生じると考えられる．そこで本実証事業では，生産者と消費者をインターネットでつなぎ，生産者の人となりや生産活動のコンセプト，販売に関連する情報，青果物購入のための問合せ方法などの各種情報をインターネット上で流通させるしくみも試験的に構築した．盛んになる野菜直売業界でのおもてなし＝ホスピタリティの度合いを高めるうえでは，運搬システムだけでなく，都市住民と農家を結びつける情報共有システムが必要である．このシステムの両立で真の農都共生システムが実現する．

具体的には IoT (internet of things) 技術を導入し，生産物や生産物が置かれる架台に IoT タグとして「ロゴ Q」（詳細は後述）を導入する．消費者はロゴ Q を通じ，生産物や生産者と新たに開発するポータルサイトで発信される生産者の情報にアクセスすることができるようになる．情報は直売所を越えて流通

する生産物に付随する形で流通することから，直売所を訪れる地域の消費者だけでなく，より広範に伝達されるようになる。結果，生産物の付加価値の増強や直売所来店頻度の増加などの副次的効果も期待される。

　直売所と一般的なスーパーマーケットでは，生産者と出品されている生産物の関係性が異なる。一般的なスーパーマーケットでは，商品のラベルには出荷した生産物の責任をとる組織や産地のみが記載され，生産者についての情報が記載されるのは特別な場合である。それに対して直売所の場合は，生産者ごとに農作物が並べられたり，生産者の名前が値札ラベルに記載されたりする。スーパーマーケットの場合と異なり，消費者はその農作物や商品の生産者が誰かということを具体的に知ることができる。生産者の出品物の売れ行きなどを通じ，質の高い生産物を出品する生産者が誰かということを具体的に知ることができる。

　今日，消費者の価値観が多様化し，生産地や農法などに対する関心が高まりつつある。とくに直売所を訪れるような消費者は，その地域で生活する消費者だけではなく，希少性や鮮度，農法などに対して関心をもち積極的に行動する消費者が含まれる。このような消費者は，同様の関心をもつ消費者によって構成されるコミュニティやインターネット上のソーシャルネットワーク上のグループなどに参加して情報を交換している。この情報交換はコミュニティやグループの参加者にだけ見えるのではなく，その近傍の人々からも見ることができる。このような情報の伝搬の様態が，俗に「クチコミ」などとよばれる。

　インターネット上でクチコミを通じ情報を流通させると，インターネット利用者の目に情報の触れる機会が増えることが，インターネットを利用したPRの手法として知られている。そのため，クチコミが発生しやすい媒体をつくり情報を発信することは，一般的なPRの方法となっている。直売所や生産者，生産物についてもクチコミを利用することは，潜在顧客の獲得に対し有効であると思われる。しかし，従来の直売所における生産者の可視化は目下，このようなクチコミのしくみを考慮したものとはなっていない。

　そこで筆者からの提案であるが，本実証実験の開発では生産者の情報へのアクセスを容易にし，クチコミをするための敷居を下げることを目的にIoT技術を導入している。具体的には，直売所および生産者の情報を発信するポータ

3.3 電動バンを用いた農都共生支援システム

ルサイトを開発し，直売所からのお知らせや生産者の活動情報，生産物の特徴や調理の方法などの付加価値となる情報を公開する．そして公開する情報の URL を IoT タグ技術により商品や架台と結びつける．

本実証事業では IoT タグとしてロゴ Q を用いた．ロゴ Q とは，フルカラー 2 次元コードの商品名である（**図 3.3.11**）．その生成技術は，商品のイメージ画像を色分解して 2 次元コード化（ここでは QR コード化）することを可能にした特許技術である．デザイン性とセキュリティ性を両立的に重視し，従来の QR コードの課題である注意を引きにくい＝コード化されている情報の内容がイメージできないといった課題を解決している．消費者は，ロゴ Q を通じて目の前の生産物や生産者についての情報をスマートフォンを通じ閲覧し，感想やニーズなどの情報を各種ソーシャルメディアを通じ発信することができる．

開発したシステムのウェブサイト表示を**図 3.3.12〜3.3.17** に示す．スマートフォンを QR コードのように実証実験のロゴ Q にかざせば，表示のようなコンテンツを利用できる．

このウェブサイトは，2015 年 2 月 21 日から 27 日にかけて実施された冬季実証実験とあわせて運用を行なった．地場の農産物の流通の最適化と効率化が実現され，高品質かつ希少性の高い農産物が供給されるようになると，農産物そのものやその販売に関連する情報へのニーズが社会的に生じると考えられる．そこで，本実証事業では生産者と消費者とをインターネットを通してつなぎ，生産者の人となりや生産活動のコンセプト，販売に関する情報，購入のための問合せなどの情報をインターネット上で流通させる上記のようなしくみを試験的に構築した．わずか 7 日の実験運用ではあったが，IoT 技術としてのロゴ Q

図 3.3.11 フルカラー 2 次元コード（商品名：ロゴ Q）［3.4 節を参照のこと］

96　第3章　モビリティ社会創造に向けた実例

図 3.3.12　農都共生プロジェクト実証サイトのトップページ

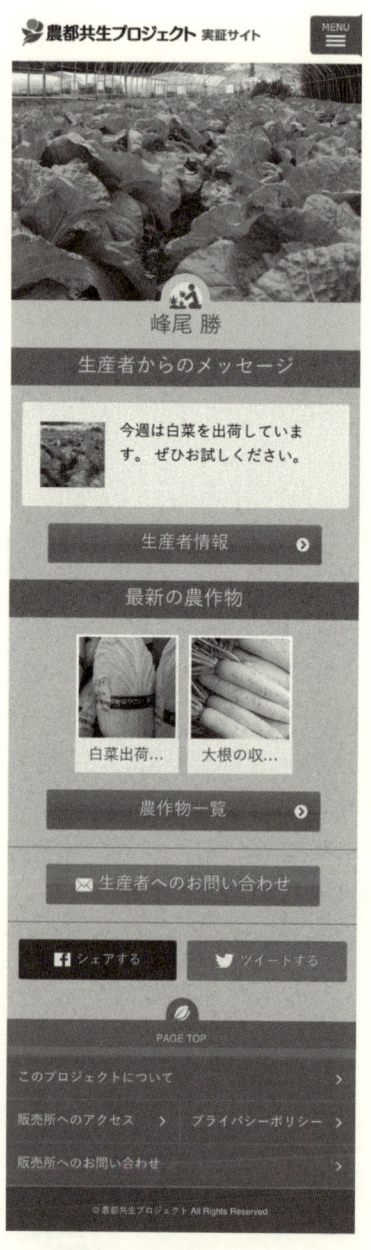

図 3.3.13　生産者トップページ

3.3　電動バンを用いた農都共生支援システム　　97

図 3.3.14　生産物（農作物）個別ページ

図 3.3.15　生産者個別ページ

図 3.3.16　問い合わせフォーム

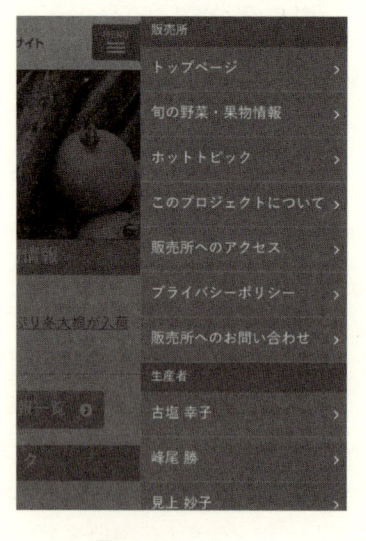

図 3.3.17　メニュー

を導入することで，消費者はロゴQを通じて，生産物や生産者と新たに開発するポータルサイトで発信される生産者の情報に簡単かつセキュリティの高い状態でアクセスできた．これにより生産物そのものだけではなく，生産者を含む生産物に関連した情報をインターネット上で流通させることが可能になり，直売所がある地域の消費者にとどまってきた商品の価値がより広範に伝達されるようになる．今後われわれ研究者は，広範囲に情報が伝達されることで生じる生産物の付加価値の増強や直売所来店頻度などの検証を進めていく．あわせて当該分野のホスピタリティレベル向上を具現化する．

3.3.5 青果物エコ搬送システム・実証実験の評価

農家やJAのヒヤリングから，青果物エコ搬送システムの評価はおおむね季節ごとに次のように整理された．季節ごとの特徴もあるので，まずは農家やJAの反応を皆さんと共有する．

3.3.5.1 春季実験の気づき・まとめ

- 1週間，日が経つにつれて，われわれの事業のプラス面（効果）を3つの農家が理解・体感してくださった．感謝の気持ちも大きくなっていったのがわかった．それだけ直売所への運搬が高齢農家にとっては大変な作業（＝ストレス）であることが現場からもわかった．電気自動車＋冷やすということへの評価も高かったが，軽のバンで容量が3農家で一杯ということを残念がる日もあった（結局は，農家さんに続行便を出させることになった）．
- 春は，キャベツ，レタス，葉つき人参，大根，スナップエンドウ，ネギが野菜の主流で，あとは花卉類．野菜は1日を除き完売できた．花卉類も売れ行きはよかった（綾瀬GCの旧来の品ぞろえから仏花を求める客が多かった）．冷やす意味のある野菜が入ってきて，常温同種の安い商品よりもこちらがどんどん売れていった．常温の同種類の安い商品は売れ残りが目立った（こちらの動向を見て値段を下げてきた農家もいたのだが，それでも値段が10円から20円高いこちらの物がどんどん売れていった．慶應のスタッフが常時店に立っていたこともあるが）．総体的には市民の関心は高かったといえる．
- 花卉類よりも，寒川とか海老名の大型店に出る珍しい野菜類を出してほしいという声も3件ほどあった．季節的には蕪を求める客が多く，在庫がないこ

とを惜しむ声が多かった（夏に行なうときはそうした売れ筋商品についても事前に協議してみることにした）。

- メカクール導入による温度の差異は，多くの来店客が明らかなものとして感じていた。温度を測ったら，平均5度，メカクール無しの他の販売野菜と異なっていた。ただし，われわれの専用ブースが，冷蔵ケース前にあったこともプラスに作用していたと考えられる。
- 買い物に来た客との会話から，電気自動車＋運搬代行＋冷蔵のサービスの費用は，第一に直接的に恩恵を受ける農家が持つべきとの考えが多かった（当然といえば当然であるが，その野菜を選ぶ市民の支払意思はあまり感じられなかったのは残念であった）。
- 自分にも実験への声をかけてほしかったという農家さんも1農家あった。夏の時期に本領を発揮できるシステムのため，夏に期待したいという市民の声も多数聞かれた。

3.3.5.2　夏季実験の気づき・まとめ

- 春に続き，直売所への運搬が高齢農家にとっては大変な作業であることが現場からもわかった。電気自動車＋冷やすということへの評価も高かったが，高齢の農家にとっては暑い時期の体力温存にも効果があることがうかがえた。今回で合計14日の実施となり，上記観点からも対象とする高齢農家に喜ばれるサービスとなっていることがわかった。
- 夏は，ナス，キュウリ，オクラ，ジャガイモ，ホウレン草，花卉類が主流であった。野菜は1日を除き完売できた。夏はスタッフがバックヤードで野菜の売れ行きを見て販売スペースから試しにときどき遠ざかってみたが，野菜横で取り組みの説明を行なうと売れ行きは上がるものの，いなくてもそれなりに売れる模様であり，一定の効果がわかった。
- 常温の同種の安い商品よりも，筆者のほうがどんどん売れていった。常温の同種の安い商品は売れ残りが目立った。春に続き，こちらの動向を見て値段を下げてきた対抗農家もいた。とくにナスで顕著だった。それでも，値が10円から30円高い筆者の物がどんどん売れていった。総じて市民は，メカクールと野菜の質を見て買っていったようである。
- 花卉類よりも，寒川とか海老名の大型店に出る珍しい野菜類を出してほし

いという声もあり，毎日質の高いホウレン草を寒川店から運んで完売した。運搬システムで他の大型店のものを運送することで，中・小型店の品ぞろえを効果的によくすることも可能。

- メカクールによる温度の差異は，今回も体感した多くの来店客が明らかなものとして感じとっていた。温度を比較にて普通品ともども測っていたら，平均5度程度異なっていた。ただし，われわれの専用ブースが今回も冷蔵ケースの前にあったこともプラスに作用していたと考えられる。夏季も，買い物に来た客との会話から，電気自動車＋運搬の代行＋冷蔵のサービスの費用は，第一に直接的恩恵を受ける農家が持つべきとの考えが多かった。当然といえば当然だが，その野菜を選ぶ客の支払意思はあまり感じられなかった。

- 野菜の横に立っていると，市民は野菜を農家の名前で選んでいることがわかった。過去に買って失敗した農家さんをNGリストとして手元に持っている客も数人いたし，逆に評価が高い農家の名前をメモしている客もいた。われわれの協力農家は総じて市民の評価が高いほうで，われわれが今回考えた付加価値はさらなるブランド向上に役立った模様である。

- 自分にも声をかけてほしかったという農家さんが今回2農家あった。秋季は野菜の種類が増える時期で，自分も含めてほしいというニーズが農家のほうから寄せられた。

3.3.5.3　秋季実験の気づき・まとめ

- 春と夏に続き，直売所への運搬が高齢農家にとっては大変な作業であることが現場からもわかった。電気自動車＋冷やすということへの評価も引き続き高く，計21日の実施となり，季節を選ばず高齢農家に喜ばれるサービスとなっていることが判明した。とくに朝夕の運送に使う時間を大きく削減できるため，それに対する評価がどんどん上がった。

- 秋は，ホウレン草，人参，里芋，かぶ，ブロッコリー，ネギなどが主流であった。今回もJAからの要請があり，慶應義塾のスタッフはバックヤードで待機し，説明などを一切せずに売れ行きなどの様子をモニタリングした（1時間に1～2回程度観察するのみ）。それでもほぼ売れて，残りはわずかであった。スタッフが野菜横で取り組みの説明を行なうと売れ行きは上がるものの，いなくてもそれなりに売れることがいっそう明らかになった。

- 他の農家の常温同種の安い商品よりも，こちらがどんどん売れていった。常温の同種の安い商品は売れ残りが目立った。春と夏に続き，こちらの動向を見て値段を下げてきた対抗農家もいた。それでも，値段が 10 円から 20 円高いこちらの物がどんどん売れていった。総じて市民は，メカクールと野菜の質を見ながら買っていったものといえる。
- 客へヒヤリングをしたところ，メカクールによる温度の差異は，今回も体感した多くの客が明らかなものとして感じとっていることがわかった。温度を他の農家の品ともども測っていたら，およそ 5 度程度異なっていた。こうした付加価値の高い青果物を今回から入口付近に置いたが，すぐに質の高い野菜を選ぶことができるようになり，いっそう好評であった。
- 買い物に来た客との会話から，電気自動車＋運搬の代行＋冷蔵のサービスの費用は，第一に直接的恩恵を受ける農家が持つべきとの考えが多かった。春と夏と同様である。当然といえば当然だが，その野菜を選ぶ客の支払意思は引き続き感じられなかった。
- 夏に続き，市民は野菜を農家の名前で選んでいることがわかった。過去に買い失敗した農家さんを NG リストとして手元に持っている客も数人いたし，逆に評価が高い農家の名前をメモしている客もいた。来店者とのコミュニケーションから，われわれの協力農家は評価が高いほうで，われわれの活動がさらなるブランド力の向上に役立つこともうかがえた。
- 今回の実験の協力機関である JA さがみからは，こうしたエコ搬送システムの効果が少しずつわかるにつれて，地域野菜を都市部（たとえば都内や川崎市くらいまでの店）まで運んで売ってくれれば，地域農業を活性化させるうえでのヒントになるとの評価があった。

3.3.5.4 冬季実験の気づき・まとめ

- 春，夏，秋に引き続き，直売所への運搬が高齢農家にとっては大変な作業であることが現場からもわかった。電気自動車＋冷やすということへの評価も引き続き高く，合計約 1 ヵ月の実施となり，春夏秋冬の季節を選ばず高齢農家に喜ばれるサービスとなっていることが判明した。朝夕の運送に使う時間を大きく削減できるため，それに対する評価がどんどん上がった。効率的な時間活用や体力温存につながる点への評価がとくに高い。

- 冬は，大根，白菜，ホウレン草，人参が主流であった．今回も JA 側の要請があり，慶應義塾大学のスタッフはバックヤードで待機して，一切の説明をせずに売れ行きなどの様子をモニタリングした（1 時間に 1 〜 2 回程度観察するのみ）．それでも，結果的にほぼ売れて，残った場合もほんのわずかであった．スタッフが野菜の横で取り組みの説明を行なうと売れ行きは上がるものの，いなくてもそれなりに売れることがいっそう明白になった．

- 冬も常温同種の安い商品よりも，こちらがどんどん売れていった．常温の同種の安い商品は売れ残りが目立った．春，夏，秋に続き，こちらの動向を見て値段を下げてきた対抗農家もいた．それでも，値段が 10 円から 20 円高いこちらの商品がどんどん売れていった．総じて市民は，メカクールと野菜の質を見て買っていったものといえる．

- メカクールによる温度差異は，今回も体感した多くの客が明らかなものとして感じとっていた．温度を比較で普通の品ともども測っていたら，平均で 5 度程度異なっていた．こうした付加価値の高い青果物を今回から入口付近に置いたが，その評価が高かった．

- 買い物に来た客との会話から，電気自動車＋運搬の代行＋冷蔵のサービスの費用は，第一に直接的恩恵を受ける農家が持つべきとの考えが多かった．春，夏，秋と同じ結果である．当然といえば当然だが，野菜を選ぶ客の支払意思は引き続き感じられなかった．

- 夏と秋に続いて，野菜の横に立っていると，市民は野菜を農家の名前で選んでいることがわかった．過去に買って失敗した農家さんを NG リストとして手元に持っている客も数人いたし，逆に評価が高い農家の名前をメモしている客もいた．われわれの協力農家は評価が高いほうであり，われわれの付加価値がさらになるブランド力向上に役立った模様である．

- 引き続き実験協力機関である JA さがみからは，こうしたエコ搬送システムの効果が少しずつわかるにつれて，地域野菜を都市部（たとえば都内や川崎市くらいまでの店）まで運んで売ってくれれば，地域農業を活性化させるうえでのヒントになるとの評価があった．

- 冬季だけではあったが，農家と生活者を結びつける農都共生型の情報共有システムが構築され，常連の直売所の客からはその有効性に期待が集まり，有

用性が高評価された。

3.3.5.5　今回提案する「青果物エコ搬送システム」のビジネス化の可能性

今回，計 28 日の青果物エコ搬送システムの実証実験を通じ，その総合的評価として協力 3 農家に利用意思などをヒヤリングした。その結果として次のことが共通してわかっている。

- コストを考えなければ，たいへん魅力的な搬送システム。電気自動車やメカクールのような簡易冷蔵システムを用いているエコデザイン性，高齢農家の支援になり高齢農家参画や直売所の維持・活性化につなげられるユニバーサルデザイン性，少人数で行なう農家側の負担軽減や時間利用の効率化実現など，今回の運搬代替の利点の大きさを認識している。

- 宅配便の相場から，朝夕の運搬システムが 1 日税込 2000 円程度になることを示し，標準的な 2000 円／日という金額とサービスを使うことのメリット・デメリットを比較考量させると，1 日 2000 円，30 日 60000 円はいささか高く，そこまでの支払意思が持てないという結論であった（グリーンセンター綾瀬の直売所は 1 月 1 回第 3 水曜日が休業）。実際は月 30000 円から 40000 円でないと日常的には使えないという共通意見であった。

- 宅配事業としては，各農家をまわると月 60000 円程度の定価でないとビジネスとして成立できない。そのため，①値段シールの印刷や貼付け，該当青果物の PR などの付加価値をつけサービスの質と量を向上させて 60000 円程度の価格に近づける方法，②バス停のように集配所を設けてそこを宅配トラックがまわるようにし，効率化を図り定価を下げる方法，③使いたい日だけ前日予約できるようにして 1 日単位で使えるようにする方法などが農家側より提案された。野菜販売の売り上げのうち JA に納める分を工夫し，運搬支援に割り当てる方法も提案された。上記がニーズ志向で出たビジネス化へのヒントである。

以上より，総論はおおむねエコ搬送システムへ賛成であったが，昨今の農業経営の厳しさもあり，支払意思額はそれほど高くなかった。支払意思金額の判断にあたっては，サービスのメリットとデメリットを 1 ヵ月にわたり体験したあとの評価なので，正確性はかなり高い。ゆえに今後は農家側の支払意思額を参考にして，さらに多くの農家にも支払意思額や詳細なニーズを調査して（例：経済学の CVM 手法を用い）ビジネス化を検討したい。

3.3.6 まとめ

　今回の野菜直売所を舞台にしたエコ搬送システムは，農家や JA，神奈川県への調査結果に基づいて構築したシステムのため，ニーズ志向でありシステムの企画自体は農家からも高い評価を受けることができた．ビジネス化にはいまだ越えるべき山があるが，この社会的意義をベースに具現化ができる方法について，われわれ研究者は今後も追究していきたい．とくに，産物の直売所では，物流というモビリティ分野だけでなく，農都共生を実現する情報共有システム分野との両立が重要で，その両立こそがホスピタリティレベルの向上へ重要である．このことを重視し，リアルワールドとバーチャルワールドをリンクさせて，食の安全と安心を実現させ，農業の活性化につなげていきたい．

3.4 IoTタグを用いた新しい交通運輸情報サービス

　本項では，西山と共同研究を行なうA・Tコミュニケーションズ株式会社が取り組む視認性やセキュリティ性にすぐれた QR コードの次世代のコードである「ロゴQ」を使った未来の交通運輸サービスについて説明する．

3.4.1 QR コードの隆盛と IoT タグ
3.4.1.1 情報化時代はコードで管理する
　現在はあらゆるモノがインターネットを通じてつながり，新たな価値を創造する「IoT」（internet of things；モノのインターネット）の時代である．このような情報化時代では，情報を正しく管理し確実に伝達することができなければ，その情報を有効活用することはできない．たとえば，農家の方が生産したリンゴやバナナにも1個1個管理するための印（flag）を付けることで初めて，倉庫で管理し，物流ラインに乗り，店頭に並び，単品ごとの在庫管理や売上管理ができる．1個1個の情報を，言語を問わず誰でもがわかりやすくユニバーサルに管理するためには，情報をコード化する必要がある．
　コード化とは，情報を取り扱いしやすくするために，数字などの記号類で表現できるように体系化することである．情報をコード化した事例をあげると，

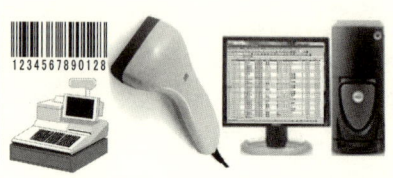

図 3.4.1　バーコードのおかげで販売管理や物品管理が効率的にできる

電話番号や車のナンバープレート，車の運転免許証番号や住所を区分ける郵便番号，銀行の預金通帳番号や病院での診察券番号などなど，日常生活のなかに「コード」で管理されている事象はたくさんある。人間にも一人一人名前が付いている。名前があるから識別ができる。この名前も効率的に正確に運用していくために 12 桁のコードで管理・運用しようとしているのが，マイナンバー制度である。

3.4.1.2　1 次元バーコードの誕生

情報をコード化したとしても，それを正確にすばやく適材適所へ伝達させることができなければ，実用的な運用にはならない。そのため，コードを図形にパターン化し，市場に普及したいちばん最初のコードが，1 次元バーコードである。

いくらすばらしい商品パッケージを印刷物として刷ったとしても，商品の情報は 1 次元バーコードというものに置き換わって管理されているため，1 次元バーコードが一緒に印刷されていなければ，そのパッケージは「商品を包むだけの箱」の役目でしかなく，現場では効率的に管理することができない。商品と 1 次元バーコードが一緒になって初めて，モノが流通し，管理され，販売される（図 3.4.1）。

3.4.1.3　1 次元バーコードから QR コードへ

複数のコンピュータをつないで情報をやりとりできるようにしたしくみのこ

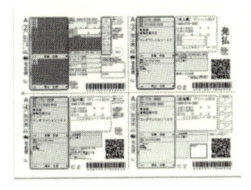

図 3.4.2　QR コードは自動車部品工場や配送センターなどでの使用を念頭に開発されたコード
　QR コードは 1994 年に開発されたマトリックス型の 2 次元コードで，扱えるデータ量は JAN コードと比べると限界値には大きな差があり，機能的には問題がない。

とを，ネットワークとよぶ。倉庫管理や物流管理など特定のネットワーク内の閉じられた世界では，1 次元バーコードでも十分であった。ところが，情報化時代にインターネット上でグローバルに情報を管理しようとすると，1 方向にしか情報をもたない 1 次元バーコードでは物理的に限界がある。
　現在，流通業界で使われている 1 次元コードのメインは，JAN コードである。JAN コードは，日本の共通商品コードとして流通情報システムの重要な基盤（インフラコード）となっており，国コード（2 桁）＋企業コード（5 桁）＋商品コード（5 桁）＋ CD（1 桁）の 13 桁となっている。「商品を識別する」ということだけに限れば JAN で対応できるが，それ以上の，たとえば商品個々の単品まで管理を行なうためには，JAN コードでは桁数が不足してしまうため，縦と横の 2 方向に情報をもった 2 次元コードで管理することになる。
　2 次元コードとは，1 次元方向にのみ情報をもつバーコードに対して，縦と横の 2 次元方向に情報をもつ。2 次元コードの代表格は QR コードである。QR コードは，多くの情報量を正確にすばやく読み取れる 2 次元コードとして，製造業や流通業のサプライチェーンを円滑に行なうためのツールとして広く一般的に利用されている。たとえば，日本自動車工業会・日本自動車部品工業会などでは，部品の発注・検品伝票などに使われている（**図 3.4.2**）。
　また一般市場では，インターネットにつながる携帯電話やモバイル端末の普及に伴い，"http://www.〜" から始まるインターネットサイトの長い URL の文字を入力する手間を省くため，URL を QR コードに表示できるようにし，携帯電話やモバイル端末機で QR コードを読み込むことで URL が表示され，サイトへリンクするということが日常生活のなかで数多く利用されてきている。

URL：電子通信（インターネット）の住所

```
http://www.logoq.net/syouhin/con
tents/pickup/6198ajp981-1000094
```

＝ [QRコード画像] インターネットの住所を格納したコード→インターネットへの入口となる

図 3.4.3　文字で伝える＋コードで伝える＝ QR コード
インターネット上にあるコンテンツ情報の行く先を指し示す URL を正確にすばやくアクセスさせるために QR コードに置き換える。「文字情報：URL」＝「コード情報：QR コード」で情報を効率的に処理する。

今後も流通業界や金融業界など多くの業界で，1次元バーコードに変わるメインコードとして QR コードが普及するとされている（**図 3.4.3**）。

2014年6月には，独ベルリンで開催された欧州発明家賞（European Inventor Award）授賞式において，開発以来20年間の活用実績により幅広い地域や年代の一般消費者にも広く認知・評価されたとして，一般からのウェブ投票によって，QR コード開発チームが"Popular Prize 賞"を獲得した。スマートフォンやタブレット経由でインターネット上の無数のコンテンツとリアルな世界をつなぐことができる有力なツールのひとつとして，QR コードは世界中で認められている。

3.4.1.4　あらゆるモノがインターネットにつながる IoT

あらゆるモノをインターネットを通じてつなげることで，新たなビジネスの創出やソリューションの実現に，IoT には大きな期待が寄せられている。

ウェアラブルコンピュータ（ウェアラブルデバイス）も IoT の一部である。メガネ型コンピュータのスマートグラスや，腕時計形コンピュータのスマートウォッチが登場しているが，これらウェアラブルデバイスにより，リアルタイムで必要な情報が取得できたり，身に着けている人の活動量や脈拍などの計測・分析などによる健康の維持管理など，さまざまな分野での活用が期待されている。さらには，自動車へ活用したスマートカーや，電力を制御するスマートメーター，あるいは農業で使われるビニールハウスのセンサーなども，インターネットにつながる IoT である。

このように，あらゆるモノがインターネットにつながり，IoT の環境が充実していけば，IoT を媒介として異業種が融合し新たなビジネスが創出されるようになる。たとえば，自動車メーカーがカーナビなどで収集した走行情報を，

損害保険会社が保険料金の設定に活用するサービスがある。これは，安全運転の度合いに応じて保険料が変動する「テレマティクス保険」という保険である。保険の先進国である欧米では，カーナビなどの車載機器から得られた情報を基に保険料を割引く自動車保険がすでに普及しはじめている。日本でも国土交通省が，自動車から得られるビッグデータの活用の一環として，テレマティクス保険の普及に本腰を入れることを明らかにしている。

紙による最大の情報発信者であった新聞社や出版社は，インターネットの普及に伴いウェブサイトでも積極的に発信しているが，それらのコンテンツを複数サイトから集めて同じくウェブサイト上で発信しているYahoo!のような大手ポータルサイトは，ユーザーからみれば情報の中身に関して大きな違いはないため，無料のYahoo!を閲覧するだけで十分だと思っている層は多い。インターネットが普及したことで，新聞社や出版社にとってみれば，最大のライバルは同じ新聞／出版業界ではなく，IT企業が最大の競合相手になっている。これらのIT企業は自動車分野にも参入してきている。GoogleやAppleなどIT系の大手企業は，さまざまな分野での応用として自動運転車の実用化をめざしている。

モノとインターネットがつながるIoTの時代では，製造業でありながらサービス業でもある必要性が出てきており，自社のもつ機能を再定義しなければならなくなってきている。これは交通基幹系でも同様であり，自動車会社が生活をサポートする支援サービスの位置づけになってもかまわない。ITの進化により，既存産業の枠組みが崩壊し，新たな枠組みが生み出されるケースが増えてくる時代がきている（図3.4.4）。

3.4.1.5 IoTを支えるための2つの技術

IoTを理解するには，IoTのインフラを支えている技術を理解する必要がある。その技術は大きく分けて2つある。1つが「クラウド技術」であり，もう1つが「IoTタグ技術」である。

(1) クラウド技術

モノをインターネットにつなげるというIoT技術は，前述したとおり汎用性の高い技術であり，かつ大きなメリットをわれわれにもたらすため，きわめて大きな市場になると予測されている。その市場規模は，2回目の東京オリン

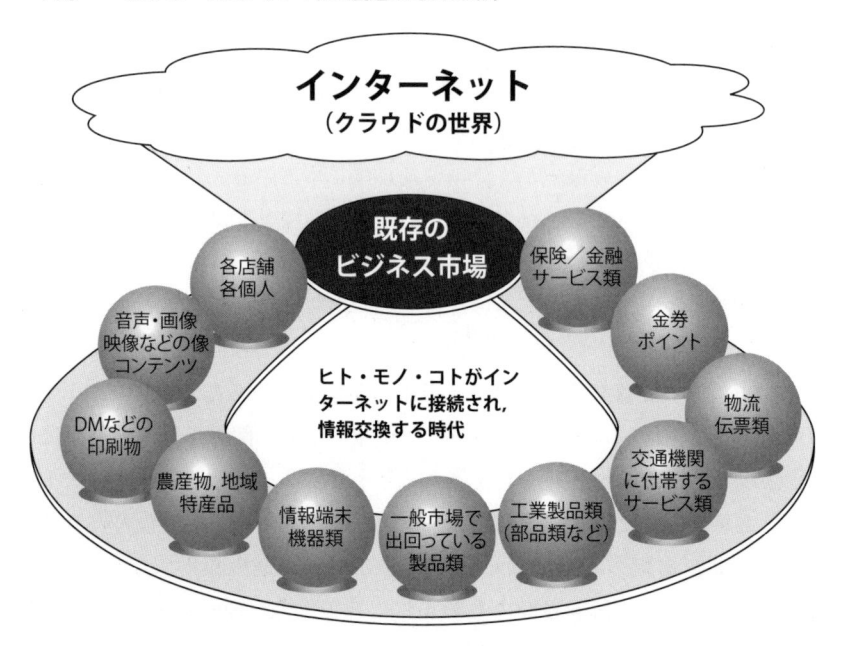

図3.4.4　既存ビジネスのヒト・モノ・コトがインターネットに接続され，情報交換が行なわれる

ピックが開催される2020年には3兆400億ドルになるとされており，IoTで接続されるシステムやデバイスの数は300億台に達すると予測されている。

　このようにIoTには大きな期待が寄せられているが，こうしたしくみを可能にする技術のひとつが，クラウドコンピューティング技術（インターネットなどのネットワークを通じて，必要に応じてネットワーク上からサービスを利用するネットワーク技術）である（**図3.4.5**）。

　何らかのセンサーで情報を取得しつづける場合，そこから得られる情報はきわめて膨大になり，その蓄積や分析には莫大なリソースが必要となる。しかし，サーバーのオートスケール機能（サーバーなどの台数を自動的に増減する機能）などクラウド技術が日々進化しつづけていることにより，多数のデバイスから収集されたさまざまな情報はビッグデータ解析の技術を用いて，低コストでかつ適切に加工することができるようになった。クラウド技術が大きく発展したことにより，IoTソリューションが実現できているのである。

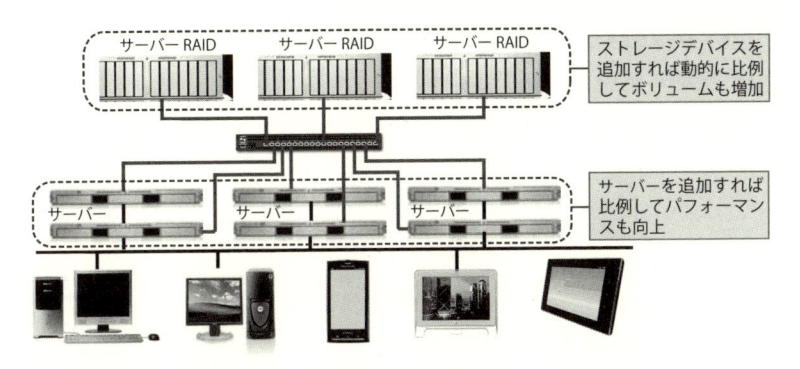

図 3.4.5　クラウド技術の発展が IoT 技術を推し進めた

(2) IoT タグ技術

IoT を支えるもうひとつの重要な技術が IoT タグ技術である。「タグ」とは荷札あるいは付箋といった意味の英単語である。モノとインターネットをつなげるツールは，なにもセンサーと無線通信環境をそろえることだけではない。IoT の先に何があるかを考えてみると，そこには必ず「ヒト（カスタマー，顧客）」がいる。言い換えれば，IoT 技術とは，モノとモノ，そしてモノを通じてその先にあるヒトをつなげる技術でもある。モノを使うのはヒトであり，IoT によって得られたメリットを享受するのもヒトである。よって IoT では，最終的にモノではなくヒトにとって有益な情報をいかに早く正確に集められるかが重要となる。それを支える技術のひとつが，IoT タグ技術である。

最近，各業界で力を入れているタグに「IC タグ」があるが，これも IoT タグのひとつである。モノに付ける札が，小さな IC チップということだ。しかしながら，IC タグはコストもかかり，簡単に生成することができない。IC タグを埋め込むメディアも限定される。すなわち誰でもが簡単に手を出せるタグではない。セキュリティ的にもスキミングという問題が出てくる。スキミング（skimming）とは，カードの磁気に記録されている口座番号などのデータを，カード情報を読み取る機能をもったスキマーという装置により盗み取られることである。よって，IC タグだけでは，一般コンシューマ向けの C to C のビジネスモデルにはなりにくいのが現状である。

3.4.2　IoTタグのインフラコード「ロゴQ」
3.4.2.1　求められるIoTタグの条件

　1個1個の商品や部品の情報または1人1人の個人情報がサーバー上に存在しているクラウド化の時代においては，その入口となるインフラコードはQRコードになる。QRコードの利点は，紙などに簡単に刷り込むことができることだ。物品1つ1つに，ユニークな情報をもったQRコードをバリアブル印字（可変印字）してモノに貼付すれば，それぞれがインターネットへの入口をもったモノ，すなわちIoTタグとなる。モノをインターネットにつなぎたい場合は，モノにインターネットのURLが記載されたQRコードを貼付するだけでよいのである。

　IoT時代においては，以下の2つがIoTタグとしての絶対条件となる。①人種を問わず，老若男女を問わず，誰にでもわかりやすい，世界に優しいユニバーサルなタグコード，②偽造・模造がされない安心して使用できるタグコード。

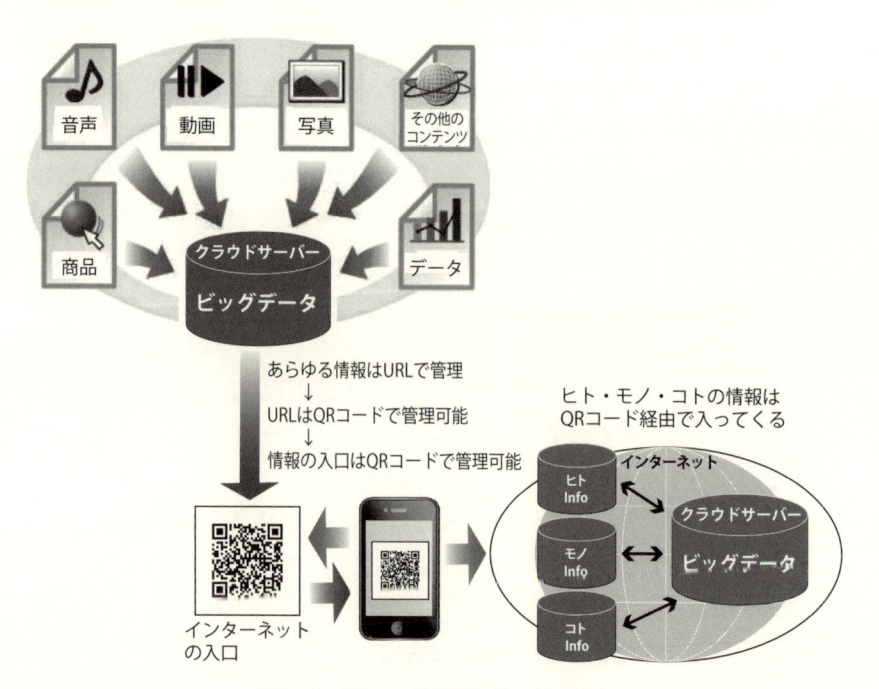

図 3.4.6　QRコードは情報インフラの中心

すなわち，誰にでもわかりやすい視認性と安全性を兼ね備えたタグコードであることが望まれている（図 3.4.6）。

3.4.2.2　ロゴ Q コードの登場

誰にでもわかりやすい視認性を備えた IoT タグコードのひとつとして，「ロゴ Q コード」という商材が注目されてきている。「ロゴ Q」はフルカラー 2 次元コードの商品名であり，その生成技術は，人の目に映るあらゆるシーンを光の色分解技術によって最終的にモノクロ 2 階調の 2 次元コード化（ここでは QR コード化）することを可能にした，複数の特許技術でつくられた 2 次元コードである。理論上，人間の目に映るすべてのモノやカタチをコード化することができる（図 3.4.7）。

フルカラー 2 次元コードを語るには，色について理解する必要がある。世の中のすべてのモノには，色があってこそ形や存在を認識できる。人が色を認識するには，必ず光が必要である。当たり前のことではあるが，光がなければ人は色や形を認識することができない。ここでいう「光」とは何か。それは自然光である。太陽の光あるいは月の光など，人工の光でない自然界にある光である。人は太古の時代から自然光のなかで色を理解し判断してきた。フルカラーの 2 次元コードを生成するには，この自然光を分解していくことから始まる。

色を分解するには，カラー印刷技術が必要となる。カラー印刷技術の基本は，この自然光を分解するところから始まる。人間の視神経はスペクトルの波長域

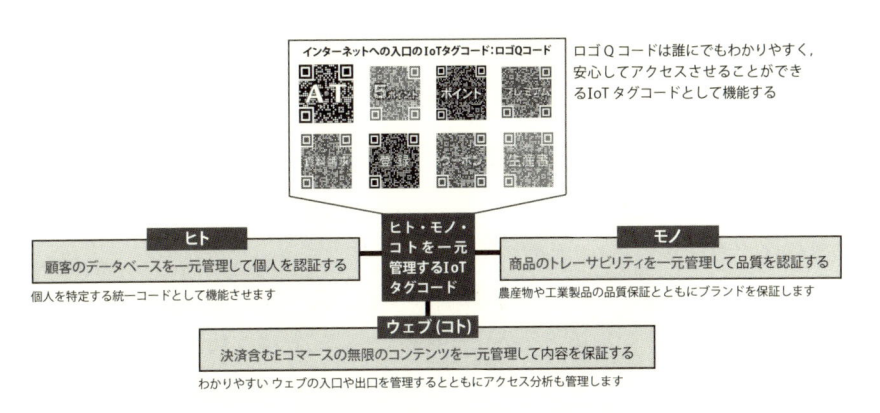

図 3.4.7　ヒト・モノ・コトを支える IoT タグのインフラコードがロゴ Q［口絵参照］

でみると，大きく長波長（赤系），中波長（緑系），短波長（青系）の3波長に分解して色を判断していることがわかっている。赤と緑と青の3色に分色しているのである（実際には，それらが相互に交信しながら明るさと色を判断している）。

よって，人が見える色を，人工的な赤（R）と緑（G）と青（B）の3光源色で疑似的に表現できることになる。これらを印刷物に刷る場合には，RGBという3次元の色情報を，印刷の色であるシアン（C），マゼンタ（M），イエロー（Y），ブラック（Bk）という4次元の色情報に変換する。

RGBはそれぞれを足していくと白になる発色の3原色であり，RGBの補色（混色すると無彩色になる関係の色）の関係であるCMYは，足していくと黒になる色材の3原色である。理論上，RGBで表現された色はCMYでも表現できるのだが，物理的な理由や品質面・コスト面などの理由から，印刷する場合には，CMYに黒（Bk = BlackまたはK = Key Plateと表示）インクを混ぜたCMYKの4色で表現している。

実際にはRGBとCMYKでは色再現範囲が異なるため，RGBで表現できる色域をすべてCMYKの色域で表現することはできないし，CMYKで表現できる色域もすべてRGBの色域で表現することはできない。そこには，高度なカラーマネージメント技術が必要となる。

単純にRGBからCMYKに変換するだけでは，色を「コード」として読み取りを保証させることはできない。しかしながら，世の中に出まわっている色のついたQRコードは，そのほとんどが単純に色変換しているだけであるため，確実性を求めるならカラーマネージメントされて生成されている「ロゴQ」コードがよい。

発色の3原色であるRGBは，RGBそれぞれの光の強度をコントロールすることで多階調を表現することができるが，印刷の場合は，紙に色を乗せるか乗せないか，オンとオフの2値化の世界である。

カラー印刷技術は，この2値情報からいかに多階調を表現できるかを克服した，高度なノウハウが集積された技術である。印刷物は，紙に点を印字することで色や形を表現しているが，その点を「網点」とよぶ。そして，紙に色を乗せるか乗せないかの2値化（＝2階調）に多値の階調性を付けるために考え出

3.4 IoTタグを用いた新しい交通運輸情報サービス 115

されたのが，1つの網点に対して点の大小で階調性を表現できるようにした，網点の面積階調という技術である（図3.4.8）。

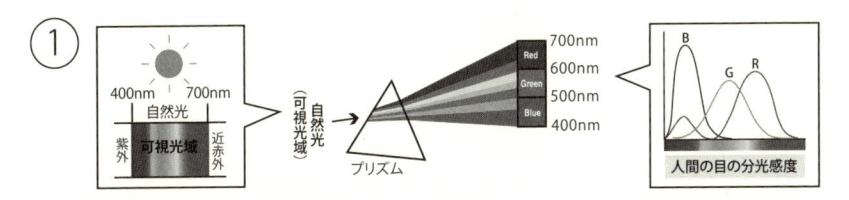

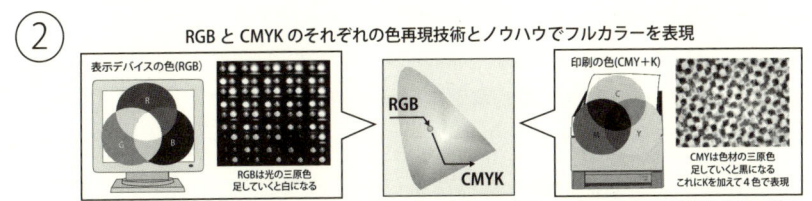

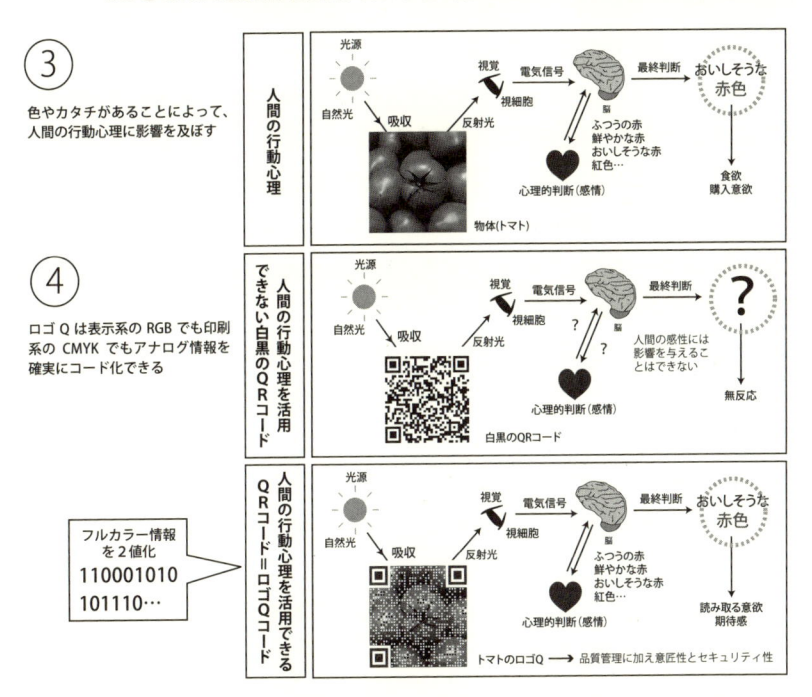

図 3.4.8 ロゴ Q はどんなものでも読み取り保証したデザイン性のある QR コードを生成できる
　　　　［口絵参照］

カラー印刷技術はこれだけではない．大量印刷を刷るためには，その基となるマスター版をつくる必要がある．マスター版をつくるための製版技術には，写真の現像などにも使われるネガ・ポジ（白黒反転）機能や，部分的に保護するエリアをつくるマスキング技術，コントラスを付けるためのエッジ強調技術などが含まれている．

フルカラーQRコードであるロゴQコードは，前述した複数のカラー印刷技術が積み重なって生成されているため，安定したフルカラー表現と読み取り保証が実現されている．たいへん信頼性の高いコードである．

3.4.2.3 ロゴQコードの評価

従来のQRコードは単なる白黒のコードであるためアイキャッチ力に欠けるが，ロゴQコードは視認性をコードに付与することができるため，白黒のQRコードを見ただけでは情報の内容がイメージできないなどの課題を解決している．

QRコードに意匠性を付加したロゴQではあるが，はたして実際のユーザーはデザイン性のあるQRコードにどれだけ反応するのであろうか．

徳島県夏祭りイベントでの調査結果がある．イベント会場にて，「子供（小学生以下）」，「大人（中学生以上）」，「お年寄り」を対象に，①絵柄デザインのQRコード，②文字デザインのQRコード，③シンボルマークのQRコード，④白黒のQRコード，以上のうち好きなデザインを1つ選択してもらった結果

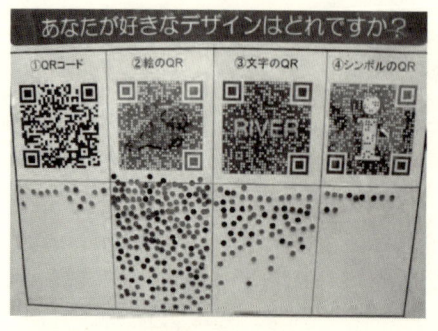

イラストデザインは若い世代に人気
年齢が上がるほど文字デザインの認識が上がる

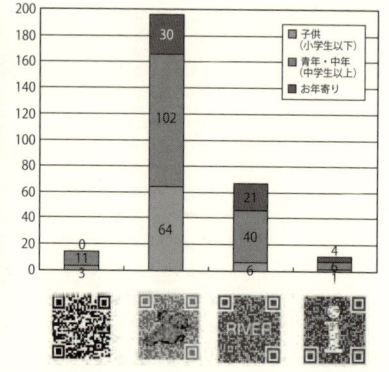

図3.4.9　年齢が上がるほど文字デザインに反応［口絵参照］

が図 3.4.9 に示されている。調査の結果，絵柄デザインの QR コードはどの年齢層にも人気であったが，文字デザインの QR コードに関しては年齢層が高くなるにつれて選択する人が多いことも判明した。イラストや絵柄デザインは子どもに人気であったが，年齢層が高くなるほど「文字」のデザインがわかりやすいと捉えている。

千葉県流山市でのイベントでも，①絵柄デザインの QR コード，②カラーの文字デザインの QR コード，③モノクロの文字デザインの QR コード，④白黒の QR コードのうち，好きなデザインを 1 つ選択してもらった。調査の結果，絵柄デザインの QR コードは，「目立つ」，「目を引く」，「楽しそう」，「親しみ

図 3.4.10　絵柄などデザイン性のある QR コードの評価は高い

（a）色がついてかわいい／デザインがよかった／QR コードの周りをデコればどうでしょうか／キラキラしてかわいかった／かわいい／イラストがかわいい／判別しやすい，理解しやすい／とても可愛いので興味があります／目を引く／かわいい，目立つ／便利で良いと思います／かわいいから，楽しそうだから／とても可愛いから／絵が目についたから／かわいかったから／絵がかわいいから／QR コードはお店のクーポン等で利用している／明るい方がアクセスしたと思う／絵がかわいい／色が付いていてとてもよかったから／目立ってかわいい／かわいいので選びました／何も絵が無いより親しみがある／可愛くて癒やされそうだから／一番カラフルでかわいらしい，若者にはウケそう／とにかく派手なのが目立って良い／Pretty!／絵がとても可愛い！私が大好きなキャラクターだから／新しい発想で Good!／絵がついているのはなかなか無いから／おもしろい，目立つ／めずらしいかな／やっぱり絵がかわいい。

（b）QR コードはお店のクーポン等で利用している／文字が入っていると分かりやすい／目的がわかると良い／赤色で明るくてプレゼントが興味を持つ／インパクトがある／色が付いていてとても印象的だった／当たりそうだから／プレゼントと書いてあったから／良く見える／明るくてプレゼントが当たりそうだから／色が付いててみやすい／分かりやすくて見やすい／直球でわかりやすい／シンプルでいいです／プレゼントの文字にひかれます／明るくてすっきり／赤で，且つ文字がはっきりと見えたのでこれを選びました／プレゼントの字が良く読みとれて，懸賞の QR コードなのかなという事がわかりやすいと思いました／見易い，わかりやすい／字があるとわかりやすい／絵や文字があるのが良い／プレゼントとして分かりやすい／QR コードは黒色だけだと思った／可愛い方にひかれる／文字に目がいって興味を引く／赤いほうがかわいいので／絵もかわいいけど，字がはっきりしている方が良い／色，文字が付いているだけで興味を引く／可愛くていいと思います／カラー，文字が入っていたほうが目を引きやすく，分かりやすい／カラフルになって驚いた，わかりやすい。

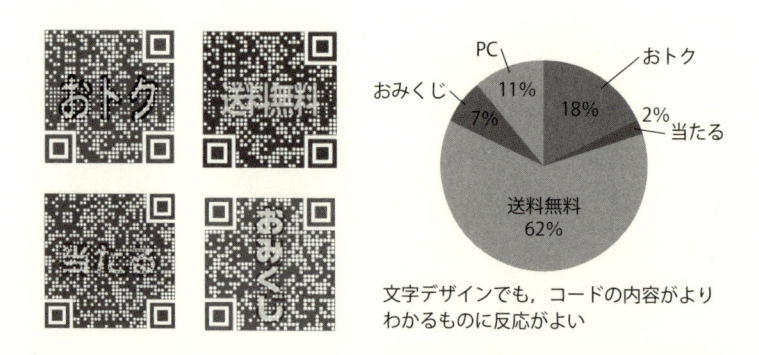

図 3.4.11　コード内容がより具体的であればあるほどアクセス率は高くなる　[口絵参照]

がある」など好意的な意見が多かった。カラーの文字デザインの QR コードに関しては，「文字に目が行き興味をもった」，「文字が入っているとわかりやすい」など，「文字＋カラー」によるわかりやすさも好意的に捉えている。カラーでかつ絵柄デザイン，または文字デザインの QR コードは，ユーザーに対してアクセス向上の理由となりうることが判明した（図 3.4.10）。

あるコンテンツ企業では，オンラインショップの立ち上げに伴い，カタログ冊子による案内を行なっていた。会員登録の促進に白黒の QR コードを活用していたが，なかなか会員登録数が伸びず，文字デザインの QR コードを採用した。①おトク，②当たる，③送料無料，④おみくじ，という 4 種の文字デザインの QR コードをカタログの至るところに掲載し，どの文字デザインの QR コードからのアクセス数が多いか効果測定を試みた（図 3.4.11）。調査の結果，「送料無料」からのアクセス数が最も多く，メルマガ会員登録も増加し，とても好評となった。これにより，訴求する文字の内容によりアクセス数も変動することが証明された。サイトへ接続させたい，もしくは接続してほしい人に対しては，訴求を与えることができる文字の内容であることが重要である。

3.4.2.4　QR コードの課題

IoT の時代で重要なことは，情報の安全性・信頼性である。ところが，QR コードは，ISO（International Organization for Standardization，国際標準化機構；工業分野の国際的な標準である国際規格を策定するための非政府組織）の規格にも

図 3.4.12　白黒の QR コードは見た目が同じで，真偽の区別がつかない
QR コードの課題：①読み取ってみないと内容がわからない，②セキュリティ性がない。

なっているため，誰にでも簡単に QR コードを生成することができる。
　これによって QR コードは世界中に普及したのだが，一方では偽造・改竄（かいざん）された QR コードが出まわるようになったのも事実である。これを防ぐには，偽造品や模造品ができない QR コードが必要となってくる（図 3.4.12）。

3.4.2.5　偽造・模造防止対策
　使用者が一見で模造品であることを見抜くことができるようにすることは，ライフサイクルを短くするうえで有効である。専用の読取装置を用いることで，コピーにより模造されたものかを見分けることができるものがある。しかし，この手法は流通段階や工場のような製品管理のしくみが整っている環境においては有効であるが，視覚的な手がかりではないため，店頭に並んでしまうと消費者が真偽を判断することが難しいのが課題である。
　偽造品や模造品などは人の行為であり，模造を抑制するための手法として模造しにくくするためのさまざまな方法が用いられてきた。たとえば，製造技術において，工作の精度や特殊な加工技術などによって，同じものをつくることができる人や環境，条件，ライフサイクルなどに制約を加えることだ。特殊で入手が困難な材料を用いることでも，模造を困難にすることができる。

模造品のライフサイクルとは，模造品であることが発覚するまでの期間のことである．模造にかかったコストがライフサイクル内で回収できなければ，模造すればするほど模造者は損をすることになる．よって，模造にかかるコストを高くするか，ライフサイクルを短くすることによって，模造させないということにつながる．

製造業におけるコストの要因は，道具（製造装置）や材料，作業時間などがあげられる．これは模造においても同様である．したがって，これらの要素を特殊化することは有効である．製品パッケージは，特殊な印刷技術や紙質，インクなどの材料によって構成される．印刷技術は，紙に定着される際の色の制御などさまざまな技術要素によって構成される（図 3.4.13）．その高度化は，模造におけるリバースエンジニアリングの難易度を上げ，それにかかる時間をより多く費やさせることが期待される．製造装置や紙・インクなどは，特殊なも

コピーガード用の文字が埋め込まれた紙の上に印字 → 複製すると… コピーガード用の文字が浮き出てくるため，視覚的に複製されたことがわかる

図 3.4.13　印刷技術の応用で複製を判別

| 紫外線インクを使って刷られたコード | ブラックライトを当てると，紫外線インクが刷られていることが目で見てわかる | コピーしたものは，ブラックライトを当てても紫外線インクは確認できない |

↑蛍光色で赤っぽく光っているところが紫外線インクで描かれたところ

図 3.4.14　難易度の高い技術を併用することは偽造・模造防止対策になる　[口絵参照]

のになれば入手が困難になり，製造コストと模造行為発覚のリスクを高めることになる（図3.4.14）。

3.4.2.6 偽造・模造だけではない危険性

QRコードの安全性の問題は，模造品の流通を防ぐことだけではない。QRコードの普及に伴って，QRコードを利用したさまざまな不正行為も増えている。正規のQRコードの上に，悪意のあるQRコードが貼られているという事例も出現している。

QRコードを読み取ると，デバイスのブラウザの画面にはURLが表示されるが，モバイル系のブラウザでは開くページの完全なURLを表示できないこともあり，URL名だけでそのサイトが正しいモノかどうかの判断は難しい。短縮URLのサービスを使えば，最終の到達先のアドレスもわからなくなる。

仕込まれたサイトに知らずにアクセスすると，個人認証情報を盗み取るマルウェアが潜んでいるサイトページであったり，フィッシングサイトであったりする。PCと異なってモバイルデバイスではマルウェアから十分に保護する環境が整っていないこともあり，年々被害は増大している。

では，どうやってそれを防ぐのか。デバイス側の環境が整っていないのであれば，QRコードの入口を強化してしまうのがいちばん早いことになる。

3.4.2.7 セキュリティロゴQコードの登場

見た目が同じイメージの白黒のQRコードであれば，そのQRコードに偽造・模造防止機能を搭載したとしても見た目で仕分けができないため，ユーザーに認知させることが難しい。見た目でわかることがとても重要である。そこで，フルカラー2次元コードであるロゴQの登場である（図3.4.15）。

複数の特許技術によりQRコードに意匠性を付けることは，白黒のQRコードよりも生成の難易度が上がるため，偽造・模造の抑止力としてはたらくことになる。「ロゴQコードは安心できるコードだ」ということが認知されれば，ユーザーは安心してアクセスできるようになる。実運用的にはQRコードをロゴQ化することで偽造・模造の抑止力にはなるが，実務的には実際のコード自体も偽造・模造ができないしくみが必要である。

ロゴQコードには，機能をアップさせた「セキュリティロゴQ」という技術がある。QRコードの中に暗号化された情報を秘匿情報として付加する技術

図 3.4.15　ロゴ Q 化するだけで偽造・改竄の抑止力にはなる

である。デジタルデータには必ずノイズ（誤り訂正）領域がある。その領域に秘匿情報を挿入させる特許技術が，ロゴ Q コードに応用されている。この技術によって，本来コードとして利用すべき領域を損なうことなく，秘匿情報を埋め込むことができる。専用の読み取りシステムを用いなければ，その存在すら発見できない（図 3.4.16）。

　QR コードには公開エリアと非公開エリアがあり，非公開エリアが誤り訂正領域になる。この領域の任意の場所に秘匿情報を挿入する。非公開エリアに秘匿情報を入れるしくみは解読鍵と暗号鍵が異なっており，高い安全性が確保されている。暗号化のアルゴリズムも各企業が望む強度レベルで対応可能であるため，かなり堅牢なセキュリティ 2 次元コードを提供できる。これを，意匠性をもったロゴ Q コードに応用しているので，セキュリティ度はさらに向上することになる。

　暗号を解除する際，その鍵は 2 つの方式で提供可能だ。1 つが自己認証型であり，もう 1 つがサーバー認証型である。とくに自己認証型であれば，ネット環境のないところでも利用可能となるため，使い勝手がよい。サーバー環境を用意するなど大がかりなしくみも不要なので，導入もしやすい。

　一方，公開エリアに秘匿情報を入れるしくみもある。この方式には以下の課

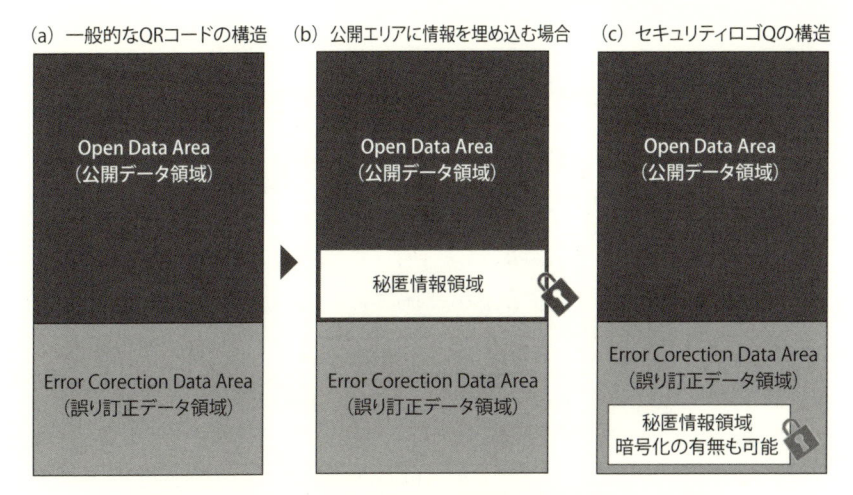

図 3.4.16 セキュリティロゴ Q は非公開領域に秘匿情報を入れる技術

(b) 公開された領域を二層化し，暗号をかけたほうを秘匿情報としている．暗号キーが破られると，偽物コードが大量に出まわる可能性がある．(c) 非公開領域の任意の領域に秘匿情報を入れる技術である．どこに埋め込んだのか簡単にわからないため暗号をかけなくてもよいが，暗号キーが破られても埋め込み方法がわからないため大量に出まわることがない．意匠性も加わるため安全度はさらに上がる．

題がある．

- 実データを収めるべき領域に秘匿情報を入れるため，実データ領域の情報量が減る．
- 暗号解読の鍵はリーダー側に設置しているため，鍵がばれると偽の偽造・改竄防止コードを発行することができる．

3.4.3 IoT タグを使った想定される交通サービス
3.4.3.1 QR コードを使ったサービス

交通機関で QR コードを使用する利点は，一般に普及している携帯電話やスマートフォンなどの情報端末機を，機種隔てなく使用することができる点である．スマートフォンの普及に伴い，QR コード自体が世界中に普及しているため，土地勘のない海外の観光客でも QR コードを通じて手軽に街の情報を入手することができる．

リダイレクトサーバーのしくみを活用すると，情報の更新も容易に行なえる．

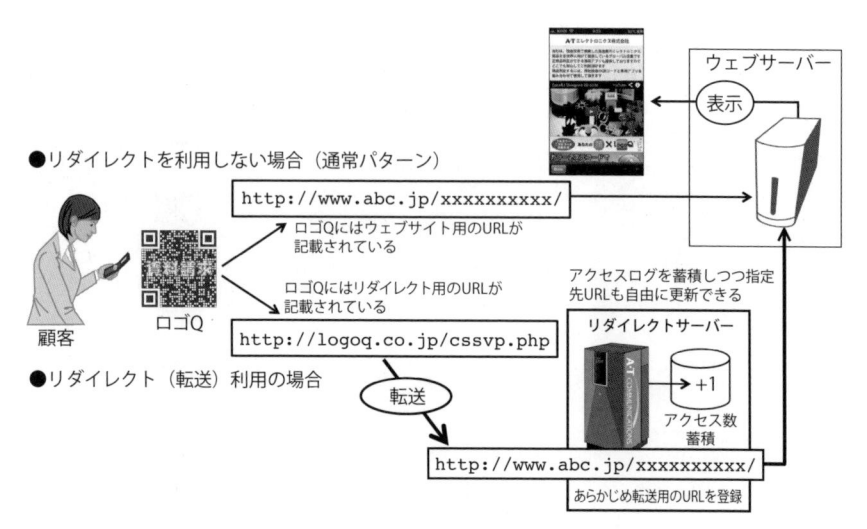

図 3.4.17　リダイレクトのしくみを使うとアクセスログ解析や URL の情報更新が行なえる

コードを読み取りサイトにつなぐ際には，携帯電話での情報取得には利用者にパケット料金が発生するが，現在の通信は定額料金体系が一般的であり，利用者負担が軽減している点も大きい（図 3.4.17）。

運用側の費用といえばサーバーなどの維持更新費用が発生するが，これもクラウドサーバーの普及に伴い低コストで運用できるようになってきた。QRコードを使ったインフラ環境が整っているといえる。

そこで考えられることは，移動支援の情報提供システムの提供である。歩行支援情報として，目的地までのルート案内情報に加え，ルート上のバリア情報（歩道の有無，段差，勾配など）の提供も考えられる。身近なところでは，バス停周辺の公共施設までのバス路線や乗り場の案内情報の提供もある。

3.4.3.2　インバウンド対応としてサービス

文字は，話す言葉（言語）を伝達し記録するために，線や点を使って形づくられた記号のようなものである。ただし，それぞれの地域や国によって話される言語は異なっており，人種を問わず老若男女の誰にでもわかりやすく物事を伝えるには，文字だけでは限界があった。

文字の起源は多くの場合，物事を簡略化して描いた絵文字（ピクトグラム，

3.4 IoTタグを用いた新しい交通運輸情報サービス　　125

図3.4.18　FlagQRからなら，日本語がわからない観光客に対し音声などで案内ができる［口絵参照］

pictogram）であり，それが変形・抽象化・簡略化されて最終的な現在の文字の形状となったとみられている。物事をわかりやすく伝えるには，絵を使うのがいちばんよい。色や形で伝えるのだが，おもに鉄道や空港などの公共交通機関施設やテーマパークや展示会場での案内表示用として使用され，文字で表現する代わりに視覚的な図形で表現することで，内容の伝達を直感的に行なう目的で使用されている。

　日本においては，1964年の1回目の東京オリンピック開催時に，当時の日本の文化水準にとっては外国語によるコミュニケーションが難しかったため，外国人への情報伝達を円滑に図るために開発されたのが始まりといわれている。

　2020年の2回目の東京オリンピックには，ピクトグラムにコード機能を付けたIoTタグ技術を使って対応できるようになる。しかも，案内表示用のピクトグラムデザインをロゴQ化するだけではない。アイデア次第で応用範囲は広がる。たとえば，国ごとの国旗をデザインしたQRコード（FlagQR）にすれば，その先には母国語での説明が想像できるため，外国人から親しみをもってアクセスされやすくなる（図3.4.18）。

3.4.3.3　偽造・模造防止コードとしてのサービス

　自己認証型とサーバー認証型を併用したサービスを考える。たとえば，ロゴQコードの公開エリアには，サイトへのURL情報ではなく，任意な文字でコード化して配付する。任意な文字には，たとえば「専用のリーダーで読み取ってください」といった，URLではない文字列を記載しておく。非公開エリアには，

真偽判定用の秘匿情報を埋め込んでおく。

　市場に普及している一般的な汎用のQRコードリーダーで対象のロゴQコードを読み取ると，サイトへのURLが記載されていないためサイトにつなぐことができない。専用リーダーアプリを使うしかないことを理解する。

　専用のリーダーアプリをダウンロードして，対象のロゴQコードを読み取る。偽造・模造されていると秘匿情報が失われているため，偽造品ということで画面表示され，サイトにはアクセスできない。偽造・模造されていなければ，そこで初めてウェブの指定されたサイトへアクセスできる。受け取ったサーバー側では，送られてきたコード情報の内容とサーバーのデータベース内に格納されてある情報を比較し，認証されれば指定されたサイトを開いたりパスワードを送信したりする。

　このように自己認証型とサーバー認証型を組み合わせれば，正しいロゴQコードを専用アプリで読み取った者のみが真に正しい情報を受け取ることができるしくみが可能となる。このセキュリティ性をうまく利用すれば，関係者のみが車検の内容をその場で確認できたり交通チケットへの展開も可能となる（図3.4.19）。

図3.4.19　セキュリティロゴQは安全なIoTタグコードとしてさまざまな使い方が可能

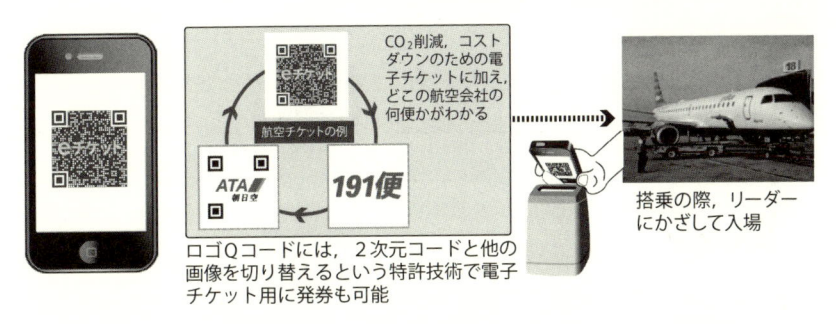

3.4 IoTタグを用いた新しい交通運輸情報サービス　　127

図 3.4.20　すべての機種共通のデバイスである画面上にロゴ Q を表示して交通系に活用

　お財布携帯など IC チップ搭載のモバイル端末も普及してきたが，すべての機種で搭載しているわけではない．これではビジネス的には不完全である．ところが，すべてのモバイル端末に共通するデバイスが 1 つだけある．それは，表示するための「画面（スクリーン）」である．

　全機種共通の画面に秘匿情報入りのロゴ Q コードを表示させることで，交通チケットやモバイル会員用として活用できる．専用のリーダーにかざすことで，偽造・模造されておらず使用期限などの情報も合っていればチケットを通過させ，合わなければそこから先を拒否する（図 3.4.20）．

　電子マネー的に使うのであれば，安全性の高いセキュリティロゴ Q に，ある一定の金額と紐付いた ID コードを仕込ませておく．使用する際には，ロゴ Q を画面に表示させ専用のリーダーで読み込ませることで，必要な金額をサーバー上へ吸い上げる．これは，ロゴ Q が偽造・模造されないという安全性が担保されていることで実現できる．

3.4.3.4　秘匿情報を有効利用したサービス

　秘匿情報は，単なる真偽判定用に利用するだけではなく，秘匿情報自体を積極的に有効利用しようとすることもできる．たとえば製造品メーカーは，部品のリコールが発生した場合を想定し，企業側や現場では製造年月日や製造ラインを把握しておきたい．

　このような場合は，秘匿情報に製造年月日や製造ラインなどを埋め込んでおく．一般のユーザーに対しては，ロゴ Q によるデザイン性から，企業側が用意したウェブサイトへアクセスさせる手段として使う．リコールが発生した場

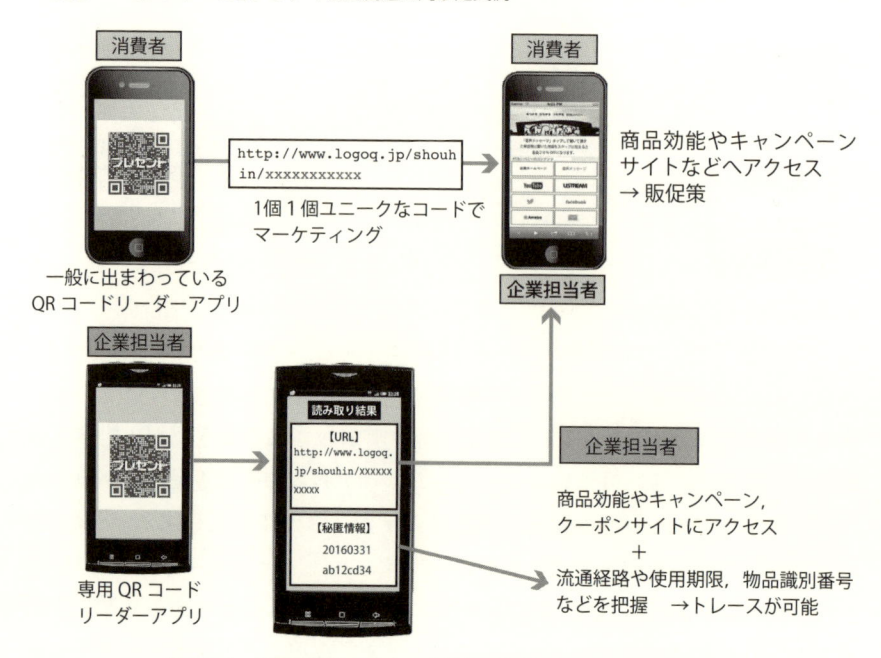

図3.4.21 秘匿情報は何かあった場合の追跡用としても活用できる

合は，企業側は専用のリーダーアプリでユーザーと同様のロゴQを読み取り，秘匿情報内の記述から製造年月日や製造ラインを個別に知ることできる。この情報を吸い上げると，何がどこにいくつあるかなどの情報がトレースできるため，対応が早くなる。

偽造品や模造品が流通したり，正規でないルートで商品が流通するなどのトラブルが発生した場合も，企業側はそれを公にはしたくない。正規に扱っている問屋や市場のユーザーが不安を覚え，社会的信用の低下にもつながるからだ。

企業側は，ひそかに専用のリーダーアプリで現場にあるユーザーと同様のロゴQを読み取り，その商品の製造年月日や製造ラインを確認する。これによって原因を追跡し，問題解決を早めることができる（図3.4.21）。

3.4.3.5　1つのIoTタグで4つの効果をねらったサービス

セキュリティロゴQは，人種を問わず老若男女の誰にでもわかるユニバーサルなデザイン性のあるIoTタグでありながらデザイン性は同じで，秘匿部分を含めたコード情報は1つ1つユニークな可変情報をもったQRコードを無

制限に生成できる．これにより，1つのロゴQコードで次の4つの機能を有するIoTタグであることがわかる．

(1) バックヤードの管理

工場で生産された商品は倉庫に保管される．注文があれば，倉庫から物流ラインに乗せ，各問屋経由で各店舗まで配送される．その商品に貼付されているロゴQコードの中身は1個1個別々のURLになっている．たとえば "http://www.logoqnet.com/syouhin/XXXXXXXX/" といったようなURLになっており，"XXXXXXXX" の部分が1個1個ユニークなコード番号になっている．これを上手に管理すれば，生産から配送・販売までをすべて管理することができる．URLでありながら商品識別コードが含まれているようなものだ．これにより，倉庫管理・物流管理などのバックヤードの管理が達成される．

(2) ユーザーに向けた販促展開

商品をユーザーが購入する．購入したユーザーはロゴQのデザインを見る．「効能」，「詳細情報」，「アンケート」，「ポイント」などの文字やイラストデザインがアイキャッチになり，老若男女すべてのユーザーからアクセスされやすくなる．アイキャッチなロゴQコードに反応したユーザーは，一般に流通している汎用的なQRコードリーダーでロゴQを読み取る．このように，企業側がユーザーを誘導したいサイトへのアクセス機会が増えることになる．これによって，ユーザーに向けた販促展開が達成される．

スマートフォンが個人へ普及しているため，ロゴQからアンケートサイトなどへ誘導して個人情報を取得できれば，商品と顧客が1対1でつながるばかりか，決済まで実行させれば，クラウドサーバーがPOSレジのような機能を果たすことにもなる．

(3) マーケティングの取得

ロゴQが読み取られると，リダイレトサーバーという転送用のサーバーにつながるようになっている．たとえば "http://www.logoqnet.com/syouhin/XXXXXXXX/" のURLはすべて "http://www.atcommunications.com/event/" に転送されるプログラムを仕込んでおけば，読み取った人は全員 "http://www.atcommunications.com/event/" のサイトへシームレスにつながることになる．必ず転送サーバーを経由しているので，このサーバー上で単品ごとの

アクセスログを集計することができる．

単品ごとにわかる情報は以下である．――① docomo/au/SoftBank ごとのキャリア別アクセス数，②スマートフォンかガラケー（携帯電話）のアクセス数，③アンドロイド系かiPhone系のアクセス数，④時間帯別，曜日別，日別のアクセス数，⑤スマートフォンからは，GPSによる位置情報から，おおよそのアクセス場所．以上により，どの経路から，どの商品が，いつ，どこで売れたのかを把握することができ，マーケティングデータの取得が達成される．

(4) トレースデータの取得

秘匿情報も1個1個ユニークな情報で入力可能なため，何かあった際に秘匿情報から物流ルートなどの情報がトレースできる．たとえば，2015年10月15日にA-4ラインから製造された商品であれば，秘匿情報に製造年月日と生産ラインとして「20151015 a-4」のように記載する．何かあった場合，企業担当者は，店頭に並んでいる商品に貼付されたロゴQコードを専用リーダーで読み取る．読み取った秘匿情報から製造年月日や製造ラインの情報を得る．そこ

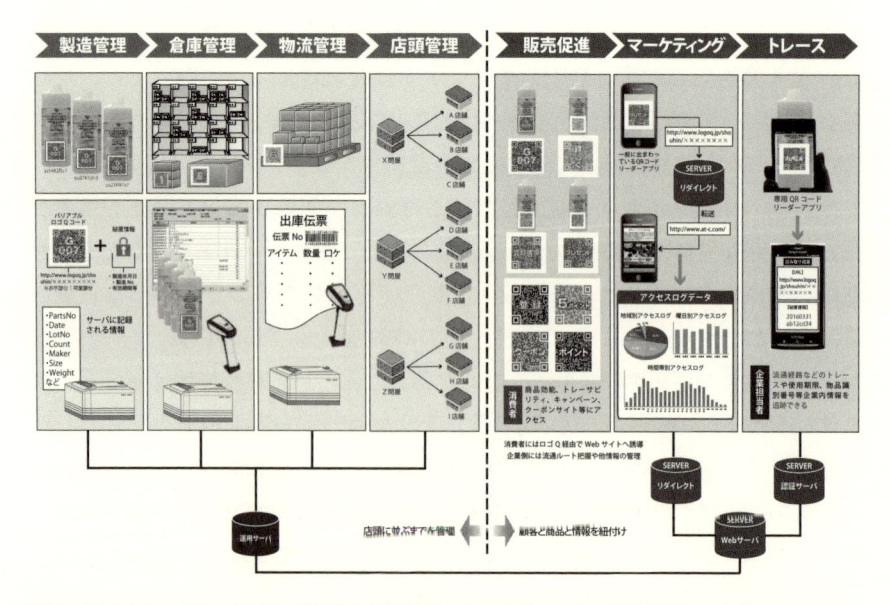

図 3.4.22　セキュリティロゴQは製造から販売後までをサポートする次世代型IoTタグコード
　　　　　　［口絵参照］

から逆にたどれば，どの工場から，どの問屋を経由して，どのお店に納品されたものなのかが判明し，一般ユーザーには知られずに早めの対策処置が打てるようになる。

このように，セキュリティロゴQは，「真贋判定機能」＋「トレース機能」＋「マーケティング機能」が可能なIoTタグコードである（図3.4.22）。

3.4.4 将来の展開と応用の可能性
3.4.4.1 ロボット（自動運転自動車）を動作させるツールとしての応用

自動車は自動運転の時代になりつつある。しかし，人の意志の決定を行なうプロセスはヒトである。人は自分のスマートフォンなどのモバイル端末で，希望する行き先などを決める。行き先などが決まったら，その情報をスマホ内にある自動生成アプリでロゴQ化する。生成されたロゴQは，偽造・改竄ができないセキュリティコードになっている。生成されたロゴQをカーナビに読み込ませる。ロゴQが読み込まれると，指示された情報からナビゲーション処理を行なう。たとえば，最短で最適なコース取りが行なわれる。その結果を受けて，自動運転車はナビゲーション処理された指示を確実に安全に実行して目的地へ到達する（図3.4.23）。

これは，たとえばロボット操作においても同様だ。指示したい内容をコード化し，ロボットに読み込ませることで，動作をコントロールできる。いわば，ロゴQコードがカスタム可能なリモコンのスイッチング操作と同様な処理ができる。読み込ませることで，動作のオンとオフをコントロールするのである。

3.4.4.2 自律動体の安全な運用への展開

自律動体の安全な運用を可能にするためのIoTタグの使い方を提案する。近年，移動体の自動化が進んでいる。たとえば，手軽に飛行操作可能で上空から行なう作業を容易ならしめる小型無人ヘリコプターが注目されている。しかしながら，小型無人ヘリコプターはホビー用として容易に入手可能であり，その操縦者の技能を担保するものはなく，小型無人ヘリコプターに不具合が生じていたとしても，飛行させるか否かは操縦者の裁量に委ねられている状況である。

このような現状では，仮に小型無人ヘリコプターの操縦者に悪意がなくとも，

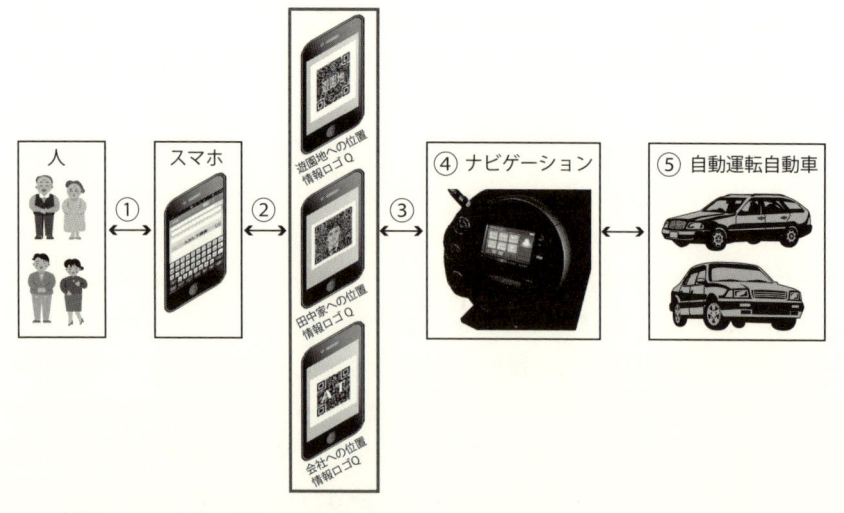

図 3.4.23 安全に確実に簡単にロボット（自動車）を動作させるツールとして活用
①人の意思の決定を行なうプロセス：人は自分のスマホで行き先などを決める。②決定した意思をコード化（ロゴQ化）：行き先などが決まったら，その情報を自動生成アプリでロゴQ化する。つくられたロゴQは偽造・改竄ができないセキュリティコードになっている。③ロゴQをカーナビに読み込ませる。④読み込んだ（指示された）情報からナビゲーション処理を行なう（最短・最適なコース取りなど）。⑤ナビゲーション処理された指示を確実に安全に実行して目的地へ到着する。

　操縦者の技能が未熟であったり，操縦者が小型無人ヘリコプターの点検を怠ったり，十分な点検をしなかったりした場合には，小型無人ヘリコプターの墜落や建物への衝突などによって，甚大な人的および物的被害が生じる恐れがあることも事実である。
　安全に運用を管理していくには，操縦者や機体，飛行プログラムなどのトレーサビリティ情報を総合的に管理する必要がある。すなわち，一定の条件を満たさないと飛行できないようにするなどの処理をすることで，安全運用を担保する。
　このため，小型無人ヘリコプターの操縦者へは，運転者の身元や技量を証明するライセンス証（免許証）を発行し，小型無人ヘリコプターの状態および飛行経路を管理する「安全運用管理サーバー」のようなセンターサーバーシステムの構築が必要となってくる（**図 3.4.24**）。
　運用フローの概要を考察する。安全運用管理サーバーは，基地局 PC が「技

能検定修了者 ID（ライセンス証 ID）」，「機体製造 ID」および「制御装置 ID」などをネットワークを介して安全運用管理サーバーに送信することによって，運行を行なうこととする．

　小型無人ヘリコプターの飛行の許否の問合せに応答して，技能検定修了者 ID に対応する技能検定修了者に関する情報を技能検定修了者管理 DB から検出する．同様にして，機体製造 ID に対応する機体製造の管理情報を機体製造管理 DB から検出する．制御装置 ID に対応する制御装置の管理情報も制御装置管理 DB からそれぞれ検出する．

　安全運用管理サーバーは，機体および制御装置の管理情報，ならびに技能検定修了者に関する情報などに基づいて，小型無人ヘリコプターの飛行の許容する飛行条件を満たしているか否かを判別する．安全運用管理サーバーは，「飛行条件を満たしている」と判別した場合は，小型無人ヘリコプターの飛行を許可する問合せ結果をネットワークを介して基地局 PC に送信する．

　おおよそこのようなしくみができあがれば，これによって自律動体の安全な

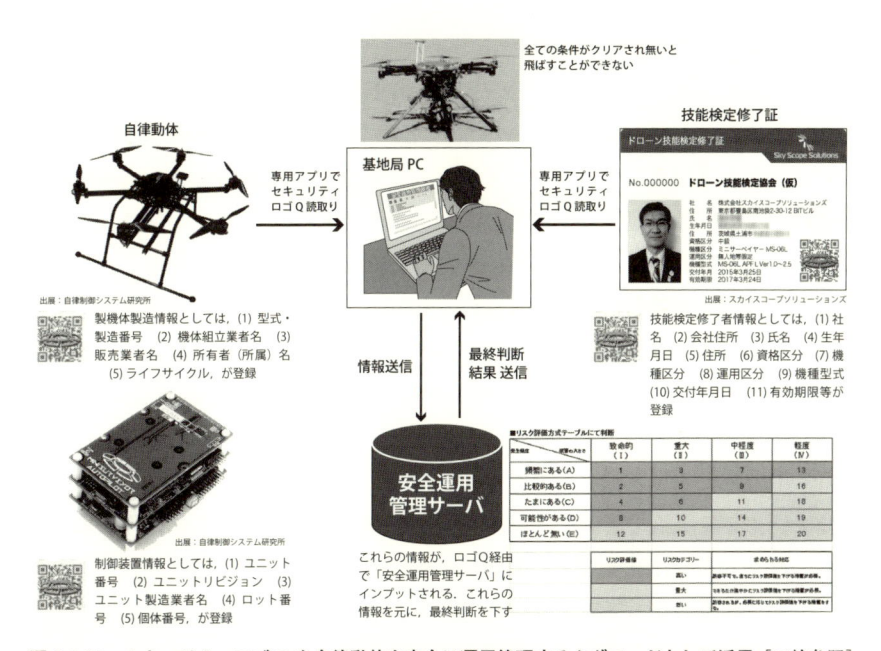

図 3.4.24　セキュリティロゴ Q を自律動体を安全に運用管理するタグコードとして活用［口絵参照］

運用を可能にする「自律動体管理システム」を提供することができる。その際に問題になるのが，技能検定修了者 ID や機体製造 ID，制御装置 ID などの情報を安全に正確に安全運用管理サーバーに伝えることである。この入口に，安全性のある IoT タグとしてセキュリティロゴ Q を活用させる。

製造時に，認証機能付きのバリアブル対応のセキュリティロゴ Q を「機体製造 ID」として機体ごとに貼付する。これを，スマートフォンなどのモバイル端末にあらかじめインストールされた「安全運用管理システム専用アプリ」に搭載されたセキュリティ対応 QR コードリーダーで対象ロゴ Q を読み取る。そのロゴ Q が偽造・改竄されたものでなければ，秘匿情報として記述された ID 番号とともに安全運用管理サーバーに接続される。機体製造情報としては，①型式・製造番号，②機体組立業者名，③販売業者名，④所有者（所属）名，⑤ライフサイクル，が登録されている。

制御装置も同様に，1 台ごとに「制御装置 ID」として貼付する。制御装置情報としては，①ユニット番号，②ユニットリビジョン，③ユニット製造業者名，④ロット番号，⑤個体番号，が登録されている。ここはプログラムの部分であるため，ファームウェアのバージョン管理や，バグ修正，機能追加事項なども管理される。

一方，操縦者に対しての身元や技量を証明する技能検定修了者情報としては，①社名，②会社住所，③氏名，④生年月日，⑤住所，⑥資格区分，⑦機種区分，⑧運用区分，⑨機種型式，⑩交付年月日，⑪有効期限，などが記録されていることが望ましい。

これらの情報と紐付いた ID 番号が，セキュリティロゴ Q 経由で安全運用管理サーバーにインプットされる。これらの情報を基に最終判断を下す。その際に重要となってくるのが，リスク評価マネージメントの考え方を応用した安全評価点の構築である。最終的には，安全評価点が合格点に達しなければ運行できないしくみとなる。

また，3 つの情報を兼ね備えて飛ばされた際のフライトログの管理も重要となる。飛行回数，総起動時間，総飛行時間，積載された情報などが安全運用管理サーバーに記録される。フライト情報以外にも，点検履歴，廃棄履歴なども総合的に管理される。これらの情報は，異常解析やチューニング，トラブル回

避に役立てたり，ユーザーが利用したりする．情報は蓄積・共有され，さまざまな事業に活かされる．

交通運輸産業のなかで，移動体の自動化が進むことは間違いないが，安全に確実に運行するためのしくみには，わかりやすく安全性の高いIoTタグとしてセキュリティロゴQをフル活用するべきである．

3.5 小型無人飛行機・ヘリコプターによる社会サービス

本項では，西山と8年以上共同研究を行なっている中国科学院の松田篤志先生の小型無人飛行機・ヘリコプターの研究と社会サービスへの応用について説明する．

3.5.1 無人の飛行機・ヘリコプターへのニーズと課題
3.5.1.1 無人航空機（UAV）の歴史

無人航空機というものはいわゆる「飛び道具」であり，軍事技術として誕生した．その起こりは1900年ごろ，第一次世界大戦当時の有線操縦の空中魚雷といわれている．広義にとらえると，弾道ミサイルなどもある意味UAV（Unmanned Aerial Vehicle，以下，無人航空機をUAVと記す）であり，第二次世界大戦時のドイツのV1飛行機弾およびV2ロケットに始まり，戦中および戦後の冷戦期を超えて今に至るまで巡航ミサイルや弾道ミサイルが各国における戦略的に重要な兵器として開発が続けられている．

その後，1970年代は比較的安価で軍事訓練に有効な「ターゲットドローン」（無人標的機）が多く開発・使用された．当時UAVといえば，おもに無人偵察機，あるいはこのターゲットドローンを指し示すものだった．**図3.5.1**に日本の自衛隊にて実際に使用されているターゲットドローンの写真を示す．この機体の後ろに「のぼり」のような幕を曳航し，それを銃器で狙う訓練のための無人機である．

UAVの民生化の動きは1980年ごろから始まる．世界的にみると，カメラなどを積んで監視や映画撮影などを行なう取り組みが先行する．日本においては農林水産省が無人機による農産物防除に着目し，その開発に力を注いだ．こ

図 3.5.1　ターゲットドローン，チャカーⅡ［写真提供：海上自衛隊］

れは，農林水産航空協会（航空防除の業界団体で，現在は一般社団法人）において当時東京大学の東 昭（あずまあきら）教授の強い思い入れがあり強力に推進された。東教授は，トンボをはじめとする生物の飛行についての研究で世界的な権威であり，模型航空や鳥人間コンテストなど航空技術を一般に広められる活動も多く，いわば日本においてのUAVの先駆者といっても過言ではない（本書では，東教授の著書『模型航空機と凧の科学』（電波実験社）から多くを参考にさせていただいた）。このような農業の最前線からの直接的なニーズに引っ張られて，少しずつだが着実に無人ヘリコプターによる防除が普及していった。蛇足だが，日本で有人ヘリコプターによる農薬散布の最初の実用化は，あのドクター中松氏によるという（本人談）。

　UAVを取り巻く環境が一変したのは，GPS（グローバルポジショニングシステム）の出現である。それまでは航法のための電波灯台を地上に設置して，複数の灯台からの電波を受信して位置を特定するロランなどが一般的であった。その電波灯台の電波が受信できる範囲しか測位ができないため，範囲限定的なシステムであった。1990年後半から米国が軍事衛星を数多く打ち上げて，全地球で測位可能なメカニズムをつくりあげた。これがGPSである。このしくみが民間に開放されて万人が利用可能となった。これによって安価に容易に測位が可能になり，UAVの位置制御がきわめて容易になった。

　もう一つの背景は，社会のIT化とセンサーやリチウムイオンバッテリーの

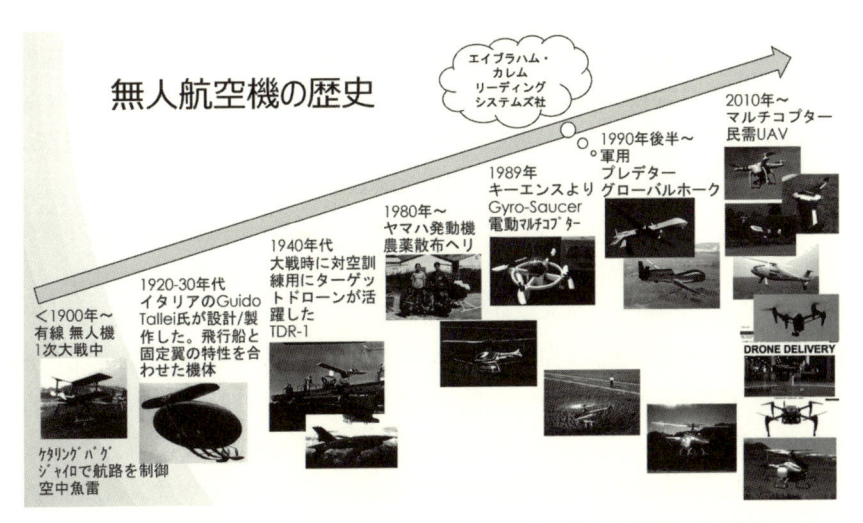

図 3.5.2　無人航空機の歴史　[田村博氏（静岡理工科大学機械工学科特任講師）講演資料より]

進化である．2010年にアメリカのParrot社がこれらを最大限生かした安価なマルチコプターを発表した．これにより，人類は今までごく限られた機関や人にしかできなかった上からの視界「鳥瞰」を安価に手に入れることができるようになった．これは人の能力を拡張する画期的な商品であり，中国をはじめとして各国で同様なマルチコプターが雨後の筍のごとく発売され，「空飛ぶハンディカム」としての地位を確立した．これにより，アイデア次第でいろいろな価値やビジネスを生み出すことができる，空飛ぶ無人モビリティとしての出発点に立ったといえるであろう．

以上の無人航空機の歴史を簡単に図3.5.2に示す．本資料は静岡理工科大学機械工学科特任講師の田村博氏に提供いただいたもので，氏はホビー用ラジコンヘリコプターの有名メーカーであるヒロボー社の技術系取締役をされていた方で，多くの無人航空機の開発にかかわられた経験をお持ちである．

3.5.1.2　とどまるところを知らない人類の欲求とマーケット

ビジネスとは，顧客の欲求や要求に応えることにより対価を得る活動である．その顧客が多ければ多いほど大きなビジネスに成長する．UAVに関しては，初期は軍事的なニーズ（遠隔偵察，遠隔攻撃，訓練など）によって進化してき

た。軍事に関してはユニバーサルデザインの観点からの評価になじまないので除外する。民生ビジネスとしては，1980年代後半から農業ニーズ（重労働の軽減，散布効率向上，精密農業など）での普及に始まり，その用途拡大による遠隔調査（リモートセンシング，火山・原子力災害調査など）の実用性が実証されてきたなかでの電動マルチコプターによるUAVの出現により，空から（それも低空で）作業ができる「シーズ」が広く知られることによって一気に「ニーズ」につながってきた。プラットフォームとしてのUAVの能力の進化とニーズ用途ビジネスの拡大に大きな可能性が潜む。当然，現在の産業用無人ヘリコプターにも大きな可能性が開けてきていることは事実であるが，この産業用無人ヘリコプターUAVと電動マルチコプター型UAVとの間にペイロードや飛行性能，航続時間などの大きなギャップがあり，両者の中間域の商品（プラットフォーム）が存在していない。ここに適切なコストパフォーマンスのUAVプラットフォームが現われると，また一気にニーズが広がる可能性がある。そのようなプラットフォームの出現を願ってやまない。

3.5.1.3 現状と課題

昨今UAV関連ビジネスは，電動マルチコプターの急激な普及のおかげで「空の産業革命」とまで称されるマーケットに育ってきた。UAVは，一般ホビーの用途からインフラ整備などの完全なるプロユースまで幅広く利用が可能なことがわかってきたことによる。電動マルチコプターでいえば，サイズや能力などプラットフォーム（機体）の選択肢は大きく広がり，利用のハードルも著しく下がってきた。したがって，利用目的や飛行環境に合わせて最適な機体システムを選定するとともに，十分な安全管理のもとに任務を遂行すべきである。ホビー用途においては基本的に，以前のラジコンホビーのようにある程度限定された飛行エリアとパイロットの登録が必要であろう。一般財団法人日本ラジコン電波安全協会では，ラジコン操縦士の登録と同時に自動的にラジコン保険に加入するしくみになっている。空モノは一歩間違えば大きな事故や災害を誘発する危険性をはらむ。したがって，オペレーターの最低限の大人のマナーとして，すでに実績のあるこのしくみを利用して登録のうえホビーとして楽しむのが望ましい。

また，ビジネスや公共のミッションのために運用する場合はさらに厳しいガ

イドラインと運用の組織的な安全管理が必要である．法人運用の場合，その法人にすべての責任が委ねられる．基本的には運用主体が必要十分なる危機管理のもとで，チェックリストと十分な監視による安全管理が求められる．とくに法人運用においては「新聞沙汰」の事故を起こした場合は社会的に即退場を強いられるという厳しさをもってミッション遂行を願いたい．

また，目的ミッションのためのアプリケーションについても現場の状況や環境を事前によく調査し，必要十分なハードやソフトを準備すべきである．プラットフォームは無人とはいえ，オペレーションは人が行なう．自律機にしても安定や誘導は自動的に保たれるが，ミッション全体の遂行や安全管理は人が行なう．したがって，ユニバーサルデザインの観点からいってオペレーションがわかりやすく，人の感性に逆らわない総合システムで運用時のストレスをできるだけ減らすことが望ましい．筆者も初期の自律機にてリモートセンシングや火山観測の監督的業務を行なったが，つねに周りの状況を把握しつつ確実に安全にミッションをこなさねばならない重圧に加え，メカにトラブルが発生するとそのストレスは並々ならないものであり，胃をやられてチームから離脱し米国から帰国した経験がある．プラットフォームもアプリケーションも，目的が明確で「楽」にオペレーションできる設計をすべきであろう．後述のラジコンヘリコプター空撮の第一人者である，以前の筆者とチーム仲間であった大高悦裕氏に言わせれば，「現場でプラスドライバーが欲しいのにマイナスドライバーを持ってきてしまう」ようなことがいちばん困るとのこと．何事も現場が命である．

3.5.2　無人航空技術の現状
3.5.2.1　無人航空機の要素技術
(1) 飛行のための要素技術

現在，有人航空機として実用化されているメカニズムは比較的容易に小型UAVシステムに応用が可能である．概念的にサイズが半分になると，表面積は4分の1，体積は8分の1になるので，小さくなるほど重量の比率が相対的に小さくなり，重力や慣性力に打ち勝つためには有利になってくる．ところが，飛行するために空気力を利用するのであるが，寸法が小さくなればなるほど空

気から得られる揚力に対して抗力の比率が大きくなる（揚抗比が小さくなる）ことに注意する必要がある。最良の効率を得るために最適な形やメカニズムは「サイズ」によって大きく異なってくる。その最適解は，地球生命の進化の過程にヒントがある。人が乗ることができるような大きさの飛行生物はとうの昔に絶滅して，大きくても翼幅が 2 m 程度の鳥あるいはもっと小さな小鳥が最大勢力を誇っていることが興味深い。さらにいうと，地球上で最も多い飛翔個体はおそらく昆虫であろう。つまり，この地球において最も効率的に飛翔が可能な形態がこの飛翔昆虫かもしれないと考えると，とても興味深い。この飛行のための技術を簡単に整理解説しておく。

　<u>揚力を生み出す技術</u>　揚力も抗力も元はといえば空気から受ける力（空気力）であり，その方向を流れの方向に対して直角方向の成分を揚力，平行成分を抗力として定義し都合よく利用している。その比率を揚抗比とよび，人類は多様な翼型断面形を発明することにより，昆虫や鳥に比べて卓越した揚抗比を実現した。生物にない高速飛行を実現する人間独自の進化である。前述のようにサイズをそのまま小さくしていくと，揚抗比はどんどん下がっていき，エネルギー効率が低下する。したがって，小型航空機を設計する場合，こういった小鳥や昆虫サイズの空力設計を要求される。この領域は有人航空機にはほとんどない世界であり，十分に研究されているとは言いがたい。筆者はかつてヤマハ発動機の無人ヘリコプター「R-50」（**図 3.5.3**）のローター設計を行なったが，メインローターの断面形を有人航空機用の翼型から人力飛行機用の翼型に替えただけで 10 % 以上の揚力向上が実現した。**図 3.5.4** にサイズ（レイノルズ数）の低下とともに抗力が増加していくという傾向のグラフを示す。また，レイノルズ数の大きさにより翼の最適な形が変わることを示すのが**図 3.5.5** である。レイノルズ数とは流体の粘性と慣性力の比を表わす数値で，サイズまたは流速が小さいとレイノルズ数は小さくなる。概念的にこの数値が小さいと，流体は粘っこい流れの状態を示す。将来的には鳥や昆虫の飛翔メカニズムの研究が次世代の小型 UAV 発展の突破口になるかもしれない。

　<u>推力を生みだす技術</u>　自然界の飛翔生物は例外なく，羽ばたきと滑空である。それは，生物組織には回転運動（往復回転運動は除く）ができるものはない。したがって，往復運動で可能な推進システムが羽ばたきである。おそらくこの

3.5 小型無人飛行機・ヘリコプターによる社会サービス 141

図 3.5.3 ヤマハ R-50 [ヤマハ発動機「R-50 カタログ」より]

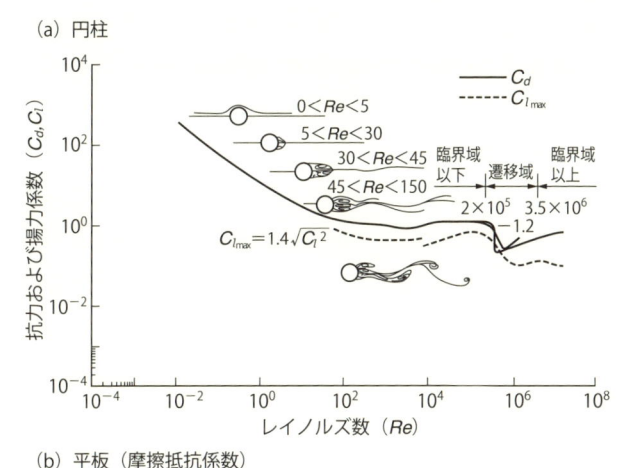

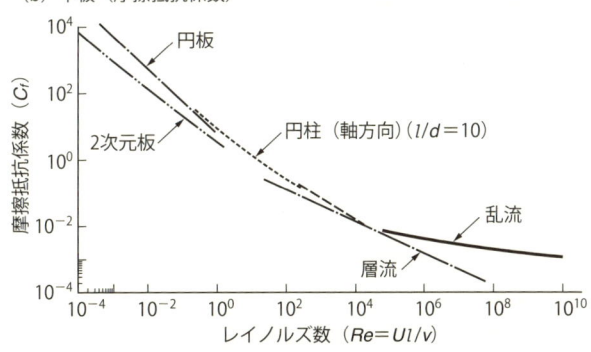

(a) 円柱

(b) 平板（摩擦抵抗係数）

図 3.5.4 レイノルズ数と抗力の関係を示すグラフ [図版出典：電波社 ラジコン技術]

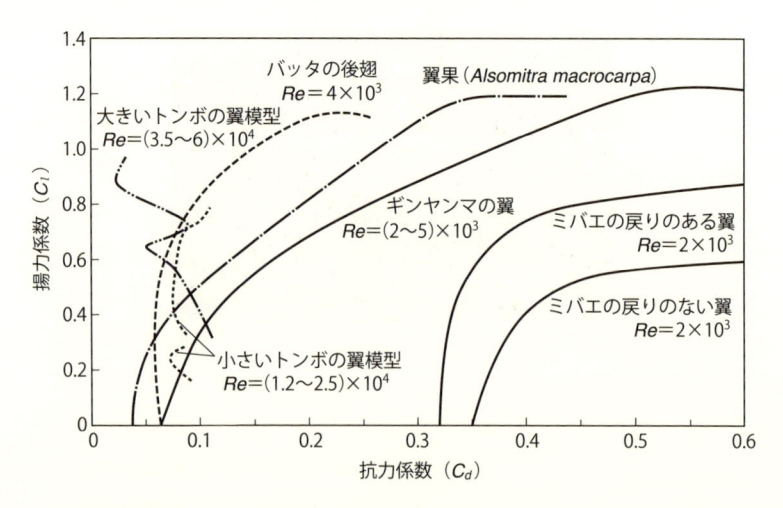

図3.5.5 低レイノルズ数領域での翼の性能 ［図版出典：電波社 ラジコン技術］

システムも鳥や昆虫に最適な推進システムであり，それより大きな物体を飛ばすために人類は回転する翼によって推力を生みだすこと（プロペラ）を発明した。これにより小さな推力から大きな推力まで自在に生み出せるメカニズムを人類は手に入れた。さらに高空・高出力に対しては，ジェット推進，ロケット推進という技術を生み出した。これらによって今や地球外にまで物資を運べる推力を得るに至る。

　ただし，実際にはそのエネルギー源をどうするかが問題である。主流はエネルギー密度がとても高く比較的安価な化石燃料を燃焼させる機関である。飛翔体にとって，燃料となるエネルギー源のエネルギー密度はすなわち飛行時間（飛行距離）を左右する基本的なパラメーターとなるため，ピストンエンジン，ジェットエンジン，ロケットエンジンなど内燃機関の優位は揺らぎがない。しかしながら，昨今のリチウムイオン系電池のエネルギー密度の飛躍的な向上により，小型短時間の領域に限って内燃機関よりも高効率となってきている。内燃機関に比べて，モーターは機構が簡単で軽量である。さらに，低速回転時の駆動力（トルク）が大きいことが，さらに操縦制御のコントロールにかなり都合がよい。したがって，マルチコプターをはじめとする小型UAVの動力は電動が主流になりつつある。

(2) ナビゲーションのための要素技術

遠隔操縦といえば，ラジオコントロール（無線操縦）の飛行機やヘリコプターを思い起こす．遠隔操縦は機体の状況を肉眼で確認しながら操縦するため，飛行範囲は目視範囲内に限られていた．機体の大きさによりその目視操縦可能な距離は変化するが，その範囲はおおむね半径100 m程度となる．したがって，この半径100 m程度の範囲にて有効なミッションというと，近場の空撮や農薬散布程度となる．現実にUAVによる事業はここからスタートした．

遠隔操縦で航空機を飛ばすためには，基本的な安定飛行制御技術と，意図した経路をトレースするためのナビゲーション技術が要求される．昨今は，GPSを利用したナビゲーションにより，可視外の自動飛行から，異常時にステーションまで自動的に戻ってくる自動帰還など飛翔体の位置を制御することが比較的簡単にできるようになった．この技術を支えているのは，機体自体を安定して飛ばす，いわゆる「反射神経的」な機体安定制御技術と，移動のための「運動神経的」運動制御技術と，それを目的地に誘導する「意思や指令」を実行する上位のナビゲーション技術の3階層をなしている．これに通信技術が加わり，現代の無人航空機制御技術の根幹を形成する．

以下にUAVの要素技術について整理解説しておく．

<u>機体安定制御技術</u>　手放しで機体が安定して今の状態を維持すること，つまり安定して進路を維持した定常飛行を続けること，安定した定常旋回を続けること，ヘリコプターであれば定点で安定してホバリング（空中停止）することなどが安定制御の目的である．飛行機は比較的自立安定性が高く，さほど高度なセンサーを必要とせずにある程度の安定制御が可能である．一方，ヘリコプターはもともと操縦によって安定をつくりだして飛ぶ航空機のため，手放しで定点ホバーや，安定した水平飛行，定常旋回などを行なうことは容易ではない．

初期のラジオコントロールヘリコプターは（今でも入門機や無人ヘリには使用されているが），ローターにスタビライザーという錘や錘を兼ねた翼舵面を備えて，遠心力を利用してローター推力の方向を安定させて機体の運動が発散しないようにしていた（図3.5.6，図3.5.7）．とはいっても，一般に多くの人が飛ばせるようになったのはヨー軸（機体の向き）をジャイロで安定させられるようになってからである．最新のラジコンヘリコプターは，このスタビライザー

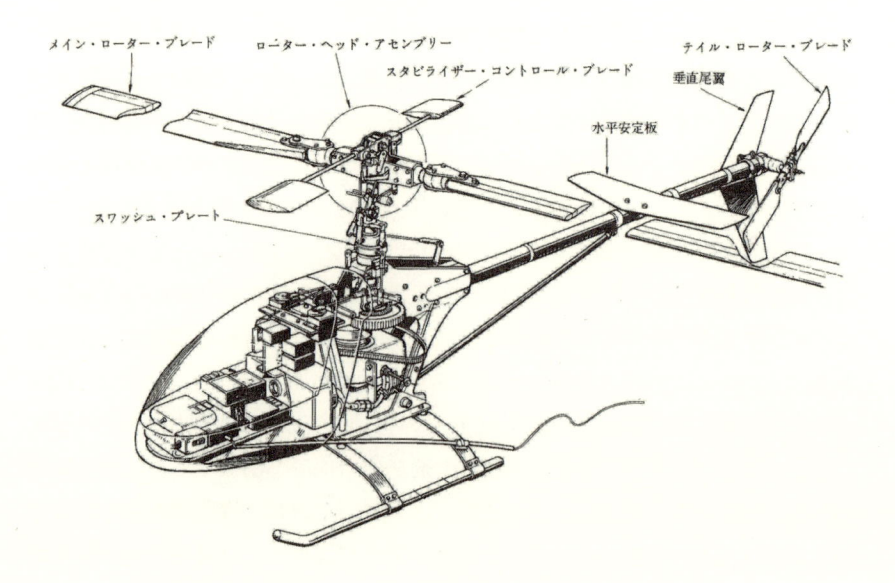

図 3.5.6　初期のラジコンヘリ　［図版出典：電波社　ラジコン技術］

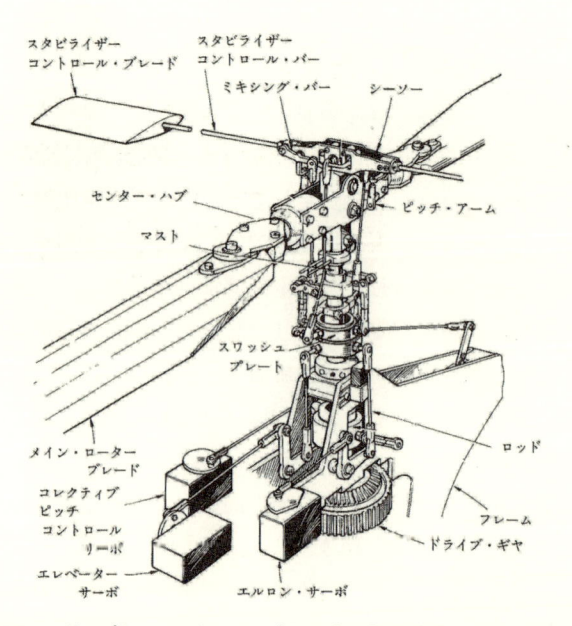

図 3.5.7　ヘリコプターローータースタビライザー　［図版出典：電波社　ラジコン技術］

をもたないモデルも多く発売されている（図 3.5.8）。図 3.5.9 は当時ラジコンヘリコプターの操縦の原理を説明するのによく用いたモデルを示す。上端に錘をつけた棒を手のひらの上で立たせた状態で倒れないようにバランスをとる操作である。棒が倒れそうな方向にすばやく手のひらを動かして倒れないようにするのだが，これがなかなか難しい。ラジオコントロールヘリコプターは，このように神経質な操縦をオペレーターに要求する。

その後，解像度がとても高く（精度がよく）測定周波数が高い（短時間に多くのデータを測定できる）安価で高性能な3軸ジャイロや，加速度計，気圧高度計，地磁気センサーなど各種デジタルセンサーの登場により，一気に手放しホバリングが可能になってきた。リアルタイムでその時々の機体の状態が正しく計測できれば，姿勢を安定させるのはそのフィードバックによってさほど難しくはない。どこまで先読みした姿勢制御ができるかが制御系開発エンジニアの腕の見せどころとなる。

図 3.5.8　現代のラジコンヘリ［ヒロボー社ホームページより］

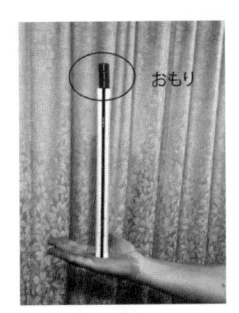

図 3.5.9　ヘリコプターの安定モデル：手の上の錘モデル

運動制御技術　実際には，前記の機体安定制御技術のみでも自律飛行は可能である．安定しようとする機体のバランスを意図的に崩して，思う方向に移動させるという方法である．指令が止まれば自動的に安定的に停止する．この方法では，機体の制御と上位の運動指令がいつも"喧嘩"をして飛んでいる状態である．これでは滑らかで効率のよい飛行になりえない．そこで，運動制御という概念が生まれる．指令がどのような飛行を求めているかというのを読み取って最適な操舵を自動的に行ない，目的の飛行を実現する．筆者が開発に携わったヤマハ発動機の無人ヘリコプターの開発では，機体の運動特性を徹底的に研究し，操縦意思に対して「思い通りに機体が反応する」制御アルゴリズムを組み込んでいる．これによって，高い安定性と思いどおりになる操縦性を両立させている．この機体の主目的は手動操縦による農薬散布であるので，オペレーターが自在に操ることができるという安心感が安全性につながる．この基本的な運動制御の考え方は，自律飛行が主体となってきてもオペレーターが楽に効率よく，滑らかで安全な飛行を支えるというユニバーサルデザインの思想が生かされているといえるだろう．

　ナビゲーション技術　これは，カーナビに相当する経路ガイダンスの機能と，その指令を制御系に渡す機能と，加えて通信技術の3つといえる．前述のように，基本的にGPSの存在がかなり大きい．機体制御に必要な精度なら，機体側に1台のGPSセンサーを設ければ数メートル精度の位置情報が得られ，安定制御が可能である．測量用あるいは位置情報システム連動を要する場合は，地上側基地局と通信して相互補正して数センチから数ミリ程度の誤差まで精度を上げられる方法もある．それは公的機関から発せられる補正信号を用いて補正したり，搬送波の波を数えて干渉測位する方法などである．機体の制御とともに，用途アプリケーションにとっても，このGPSの進化はとても意義あることである．UAVのミッションが飛躍的に広がった最大の要因は，GPSによる全地球測位が可能になったことに尽きる．もともと米国の軍事衛星だったGPSの測位情報を民生用に公開したことがきっかけで，あらゆる場面で位置情報が利用できるようになった．軍事戦略上，当初は誤差信号（selective availability，略称 SA）を意図的にかけて精度を100m程度に悪化させていたが，2000年5月にこれを解除した．これによって精度が飛躍的に向上して，多く

の用途に「使える」精度が確保できるようになった。

　目的地をプログラミングしたら，正確にその経路をトレースすべく機体の「運動神経系制御」に指令を出す．離陸〜目的地に向かって巡航〜接近アプローチ〜目的地到達〜ミッション遂行〜離脱〜帰還巡航〜接近アプローチ〜着陸と一連の飛行モードがある．それぞれ動きに無駄がなく滑らかに安全に飛行することが求められるが，それはいかに安全に，消費燃料を少なく，確実にミッションを遂行するかが重要な要求であるからである．これもどれだけ先読みしたアルゴリズムとプログラミングができるかがエンジニアの腕の見せどころであろう．

　加えて，遠隔で操縦するUAVを確実にコントロールおよびモニタリングするために安定した信頼性の高い通信が必須である．機体システムの運用に使用するチャンネルと，用途チャンネルの2系統が必要となる．一般的にラジオコントロールは中波帯のアナログ信号を用いて一方通行で操縦していたが，現在では2.4 GHz帯のスペクトラム拡散（WiFiと同種）も使用が認可された．これにより操縦電波と映像電波を同居させるシステムがマルチコプターを中心に広がっている．安全に対する冗長性を考えた場合，機体コントロール用の無線回線と用途用の無線回線は独立させたほうがよいと思う．用途用の通信は画像を含めて一般的に大きく重い．これらの用途用の通信で機体制御用電波の通信に影響が出ることは本来あってはならない．思想の問題だが，安全確保のためにこのようなフェールセーフの考え方は徹底しておくべきだと思う．

　機体制御用の通信と画像等用途データの通信は，いずれも電波を使う以上，法規制の対象である．各国によって使用できる周波数帯や変調方式，出力，規制内容などが異なるので，目的とミッション実行の場所によって正しく許可された通信手段を使わなければならない．一般的に海外から個人的に輸入した通信機はそのままでは日本の法規制に適合していないことが多く，それを使用した場合には違法となるため注意しなければならない．

　軍事用は軍専用回線を用いるのが一般的であるが，民生用はラジオコントロールとして許可された領域を拝借しているケースがほとんどである．公共性が高い遠距離運用の場合，総務省に強力な専用電波を申請して許可を得ることも可能である．

3.5.2.2 無人航空機（UAV）の用途技術

UAVはおもに軍事用偵察（あるいは一部は実際の攻撃）を目的に生まれたため，多くの無人機はその「偵察」（サーベイランス）を主目的に事業化をもくろんでいた。そんななか，日本の農林水産省ではUAVによって空から農薬を散布できないかというニーズをもち，研究を始めた。比較的大きな機体では運搬や作業などを行なえる。したがって，プラットフォームとしてのUAVが実在すると，それを有効に利用したミッションが数多く生まれてくる。これら用途実現のための技術について整理しておく。

(1)「見る」技術

上空より「見る」いわゆる「鳥瞰」することは，UAVのミッションでもっとも基本的な要素技術である。ひとつには自分（機体）および周囲の状態をモニタリングするモニター映像と，調査目的の画像（動画や赤外線カメラなども含む）とがあり，前者はモニタリングが可能な必要十分な解像度に抑えて通信負荷を減らすことが安全な運行につながる。一方，目的画像取得に対する要求はどんどん進化する。筆者がこの研究を始めた1998年当時，静止画で一般的デジタルカメラは約35万画素（640×480ドット）程度であり，当時高解像度の100万画素カメラ（1280×800ドット）の価格が140万円くらいであった。動画に至っては，普通のハンディカムがNTSC規格で720×483ピクセル，放送用ハイビジョンで1440×1080ドットであったが，当時のハイビジョンカメラは大きく重く，これだけでペイロード一杯になってしまうような代物であった。

その後，静止画一眼レフカメラは今や2400万画素（6000×4000ドット）の機材でも10万円以下で購入できる。動画カメラにしても今や4K（4096×2160ドット）で約900万画素，実用化間近の8Kに至っては8192×4320ドットで3500万画素である。撮影は動画カメラのみで，そこから静止画を取り出せば十分事足りる時代となってきた。これだけの高解像度画像を1秒間に30枚以上記録する動画技術の進化は目を見張るものがある。

カメラ機材の高度化に伴い，それをマウントするメカに対する要求が桁違いに高くなってくる。ヘリコプターや航空機はローターやプロペラという回転機構にて推力を得る。回転機械は必ず振動を生む加振装置ということができる。この振動がカメラ機材に伝わらないようにしなければ，いわゆるブレを生じる。

最もシンプルなのがゴムやゲル状ダンパーを用いた防振マウントによるジンバルを使用することであり，多くのジンバルはそのようなメカニズムである。ところが，防振機構には周波数特性が必ず存在し，ある条件では防振機能を発揮するが，回転数が変わったり別の振動が加わったりするとたちまち対処できなくなってしまう。ヘリコプターのように，質量の大きなメインローターをばたつかせて推力制御する機械においては，単純な防振マウントのみでは高解像度の静止画像の取得はかなり困難となる。

これに対して，アクティブな防振が現在の主流である。最も確実なのは，振動の変位と方向を計測して画像をカメラに加わる振動と反対方向に動かすイメージスタビライザーである。当然，カメラ雲台側の防振とのハイブリッドで，メカ的な防振がしっかりしているとイメージスタビライザーもよく効く。また，機械的に雲台をアクティブサスペンションのごとく動かす方式もあるが，画像処理のほうが軽くて幅広い周波数追従性が高い。このトータル設計および搭載セッティングノウハウが，ミッションのクオリティを直接左右することに注意する。つまり，かなり高品質な映像を得ようとすると，しっかりしたイメージスタビライザーを備えた，ある程度高機能なUAVを選択せざるをえない。目的とする用途に合わせて，機材を持ち上げるプラットフォーム（UAV）を適切に選択し，ミッションを計画することが計画完遂必須の条件である。

(2)「計る」技術

小型UAVにとって，最も付加価値が期待できる分野が，この「計測」ミッションである。情報というものは，それを必要としている人や機関にとってとても付加価値が高く，反面，質量は基本的にゼロである。情報を集める機械をその航空機のペイロード範囲内の重量に収めておけば，通信が維持できて燃料の続くかぎり情報を収集できる。まさに無人偵察機がこれにあたる。ヒトの五感（視覚，聴覚，触覚，味覚，嗅覚）は技術的には無人機に委ねることが可能と考える。ある種，ヒトの可能性を拡張できる技術といえる。

視覚に関しては (1) 項で述べた。本項では，「触覚」と称して測ることにクローズアップする。UAVから取得計測できることは現時点では下記である。

①環境情報（温度，湿度，気圧など）：対応のセンサーを搭載し，データロギングとテレメトリーで構成。比較的簡単である。

②光学的情報（画像，放射温度，分光放射特性，反射特性〈電波含む〉など）：
分校特性計測のための計測器は大きく重いため今後の課題だが，これらの計測によって得られる情報（資源探査，植生調査，放射線計測などのいわゆるリモートセンシング）はかなり高付加価値領域であるため，多くのアプリケーションが生まれてくると考えられる．図 3.5.10 は 1999 年当時の千葉大学本多研究室によるリモートセンシングのセットである．機体下部に高解像度静止画カメラと機体後部の光ファイバーにてキャッチした光の分光放射特性を計測する機器を積んで，自律飛行による観測およびマッピングを行なっている．

③位置情報（測量）：　UAV を遠隔に高精度に飛行制御するために，機体にはかなり高精度な慣性航法装置が搭載されている．この出力を利用して，機体基準でレーザー光や電波などを放射して戻ってくる光などを計測することにより，正確な測量をすることができる．2015 年現在，地上では走行しながらレーザースキャナーによるスキャニングと静止画像を同時に行なって，リアルな色彩情報をもった点群 3D データを取得することが一般的に行なわれている．これは地上を走行するため，いわゆる「鳥瞰」データを取得することができない．これに航空機による上からの計測データを重ね合わせることによって，完全な 3D モデリングが可能になる．

広範囲を一気にモデリングするのは，有人航空機に計測機材を積んで飛ばすのが早い．まとめて大量にデータ取得すると，コストもかなり低くなる．ただし，実機では飛行高度は 150 m 以上となるため精度は上がらない．やはり高

図 3.5.10　千葉大学本多研究室リモートセンシング観測用自律 RMAX ［モンゴルにて筆者撮影］

精度が要求される用途に関してはUAVによる接近スキャンがかなり有効である。図 3.5.11にUAVによる高精度マッピングの例を示す。

(3)「作業する」技術

UAVにとっての「作業」とは，運ぶことと，それに付随するピックアップやリリースなどの操作を示す．現在，世界的に最も普及しているUAVによる作業は「農薬散布」である．夏場の最も暑い時期に行なわれる，農薬を入れたタンクを背負って自らも薬液にまみれながら徒歩で田んぼを一枚一枚防除する大変な重労働をみごとにUAVに置き換えた．2015年現在，日本の圃場の約3割は無人ヘリコプターによる農薬散布を行なっている．初期の農薬散布用の無人ヘリコプターは8リットル程度しか運べなかったが，現在では16〜20リットルの農薬を持ち上げて効率的に上から散布する．

このミッションは，持ち上げる力（ペイロード）をできるだけ大きくする技術と，農薬を狙った場所に狙った量を散布する技術で構成される．農薬の濃度が低いと効果が望めないし，高すぎると薬害や残留農薬の問題が発生するため，

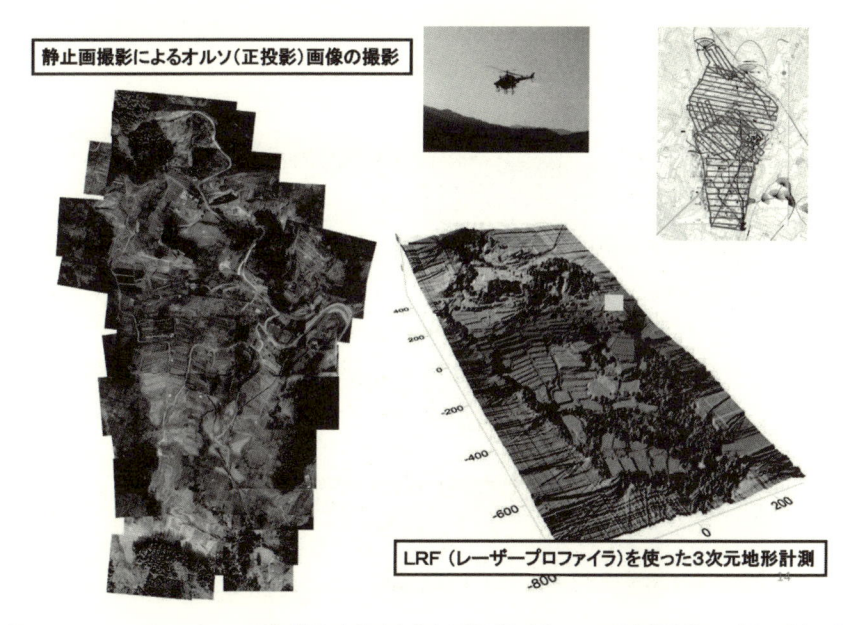

図 3.5.11　レーザースキャン画像［首相官邸近未来実証特区検討会ヤマハ発動機資料より］［口絵参照］

落下分散精度を高める工夫が随所にある。もともとヘリコプターの捩じれて回る複雑なダウンウォッシュ（ローターから吹き下ろす風）によって，薬剤は作物の根元までよく付着する。また，この作用により横方向への無用な飛散も少なく，大きなローターをもつヘリコプターは農薬を散布する機械としてとても適していることはあまり知られていない。図3.5.12に無人ヘリコプターのローター風による薬剤の落下分散解析の結果を示す。それに加えてGPSセンサーを用いて，速度に連動して散布液量を自動的に調整するという機能はすでに一般的となっている。その結果，日本の稲作における農薬散布はかなり高品質・高精度なものとなっており，なおかつ散布対象以外への飛散も最小限に設計されている。

農薬散布以外では，人が近づくことが不可能あるいは困難なところにおいて，観測機械を設置する用途やサンプルを採取してくるなどの用途が期待される。一般的に吊り下げにて運搬することが考えられるため，吊り下げ荷物をなるべく揺らさない吊り下げスタビライザーや狙った地点に正確にリリースする技術などが求められる。

その他，最近のマルチコプター型のUAVでは，大手通販会社が配達に利用

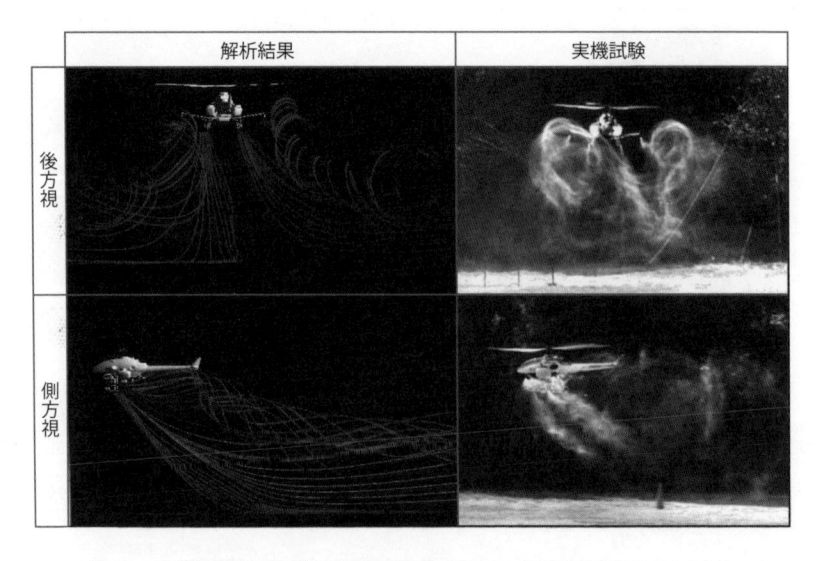

図3.5.12　散布飛行中の薬剤分散解析写真 [『ヤマハ発動機技報』No.44より]

することを公表している．これらの郵便配達や物資の配達などに関しては，とくに山間部や離島などの市民生活にとってかなり有用となりうる．また，必要な医療物資や医薬品を現場まで届けるなど「物資」を運ぶアタッチメントとリリース方法に技術開発が求められる．昨今ではすでにドローンによる宅配や緊急時 AED デリバリーなどが検討されている．繁華街や人の上を飛行して宅配をするには，現在のマルチコプターの信頼性では到底安全性が保障されるものではないが，山間地や離島などのような比較的事故リスクの低い地域にて先行的にモニター運用してみるのがよいだろう．

(4)「運用する」技術

以上，用途に対する要素技術を列挙したが，この領域を社会のインフラとして普及させるためにはとにかく安全に運用することが最大の命題である．飛ぶものは必ず落ちるという大前提のもとで綿密な危機管理運用技術が要求される．高い安全性と信頼性が確保されてこそ，認知された公共のシステムとしての地位が確立される．

運用にあたっては，今後の法規制によって飛行計画の提出と承認を求められるケースも出てくるであろうが，当然の仕事として事前の運用計画は綿密に立てておかなければならない．事前に運用シミュレーションを行ない，リスクアセスメントを行ない，リスクを事前に把握しておくだけで，多くのミスやエラーは防げる．このように，運用計画の精度とリスクアセスメントによる安全運航こそ安全運用のための技術といえる．最低限リスクアセスメントをすべき代表的な項目を以下にあげておく．

- 機体をはじめとする機材のコンディションに関する安全管理：
①機体そのものの整備と調整，②燃料または電池などの状態把握と管理，③通信機器と回線の安定性確保，④緊急回避飛行性能確認，⑤盗難やハッキングに対する危機管理．
- ミッション内容と運用環境に関するリスクアセスメント：
①ミッション目的と飛行計画の事前検討と現地調査，②飛行予定経路の地形や障害物，必要滞空時間などのリスク要因把握，③緊急退避経路の計画と対応確認，④運用機材の計画と準備，⑤運用メンバーの役割分担と配置計画，通信連絡方法の安定性確認とチームワーク．

- 気象条件に関するリスクアセスメント：
①前後数日間の天気図の確認，②ローカルな地形や気象特性の把握と運用時の気象，気流の予測．
- 運用オペレーターに関する安全・健康管理：
①操縦者，モニターオペレーター，その他運用スタッフの体調管理，②運用期間の運用メンバーの食事，睡眠管理，③運用メンバーのメンタルヘルス管理．

　地上のモビリティと違い，空気によって持ち上げられている航空機は空気の動きに依存する．ミッション遂行管理者（チーフ）は以上のリスクマネジメントを行なったうえに，つねに気象条件や周りの状況およびその変化を広く把握しつづけ，運用開始や中止，変更などタイムリーにさまざまな判断を勇気をもって行なわねばならない．多くの事故は，事前の準備や運用中の判断で避けることができる．しかし絶対に安全ということは幻想である．飛ぶものは必ず落ちる．もし，事故が発生した場合に被害を最小限にとどめるためのイメージトレーニングと準備は怠ってはならない．その意味でも，最悪を想定して準備をすべきである．そのレベルが運用技術の優劣であり，その実績が業界での地位を決める．

　最後に，危機管理という言葉を生んだ佐々淳行氏の危機管理についての格言を載せておきたい．「危機管理の基本は，悲観的に準備し，楽観的に対処すること」．徹底的に悲観的に考えて，準備を怠らなければ楽に安全な運用を行なうことができるという示唆に富んだこの一文にて，この項の締めくくりとする．

3.5.3　小型無人航空機を有効活用したサービス
3.5.3.1　ビジネスとして成立する無人航空機関連サービス

　この項では，現在ビジネスとして成立している小型 UAV の活用ビジネスを示しておく．

　(1)　農業分野

　おそらく軍事を除いた小型 UAV ビジネスにおける最大の市場であろう．先駆者のヤマハ発動機では 1983 年より開発をスタートさせて以来 30 年かかって，日本における水稲農薬散布の常識を塗り替えた（**図 3.5.13**）．どんどん高齢化し

ていく生産農家にとって，防除はかなり大きな負担であった。無人ヘリコプターの農薬散布における卓越した効率のよさをみると一目瞭然であり（図 3.5.14），省力化・低コスト化の「決定版」といえる。前項で述べたように，ヘリコプターは薬剤を均一に効率よく散布するという目的において偶然にもこれほど適したシステムは他にない。このように必然性や普遍性の高いビジネスは力強く，今後種まきや生育管理の領域に拡大していくことが予想される。世界的な食糧安全保障という観点からも，海外からの引き合いも多々あると聞く。世界的にかなり有望なユニバーサルビジネスと考えられる。

(2) 測量分野

比較的早い段階から事業化されてきたのがこの領域である。1980年代はラジコンヘリコプターを使った，おもに遺跡発掘現場の上空からの写真撮影や工事現場などの現場記録写真撮影が中心であった。その後，高解像度カメラやレーザープロファイラーなど計測機材の小型軽量化と，ペイロードの大きなUAVの出現により航空測量ビジネスが可能となってきた。Google社のGoogle Map

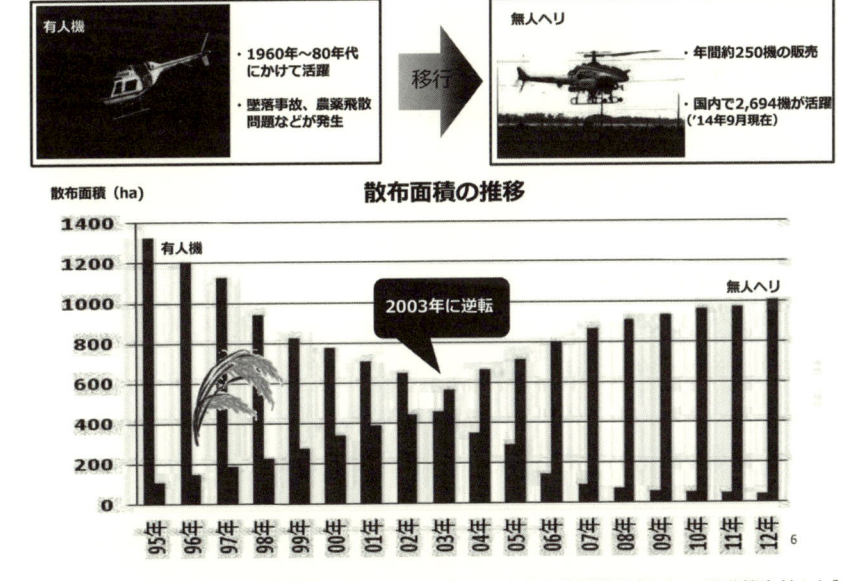

図 3.5.13　無人ヘリによる農薬散布の推移　[首相官邸近未来実証特区検討会ヤマハ発動機資料より]

156　第3章　モビタリティ社会創造に向けた実例

■ 防除機器別 水稲防除カバー率 (2013年/当社調べ)

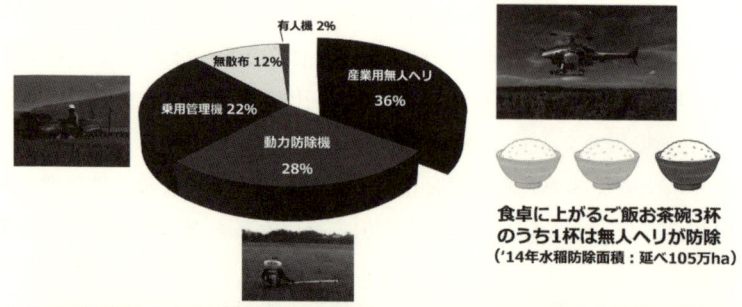

- 有人機 2%
- 無散布 12%
- 乗用管理機 22%
- 動力防除機 28%
- 産業用無人ヘリ 36%

食卓に上がるご飯お茶碗3杯
のうち1杯は無人ヘリが防除
('14年水稲防除面積：延べ105万ha)

■ 防除機器別 散布効率比較 (当社調べ)　※1ヘクタール=10,000㎡ (100m×100m)

防除機器（形態）	1ヘクタールあたりの散布時間
産業用無人ヘリ	10分
動力防除機	160分
乗用管理機	60分

図 3.5.14　無人ヘリによる農薬散布の効率［首相官邸近未来実証特区検討会ヤマハ発動機資料より］

では，超広角カメラとレーザープロファイラーを載せた Google カーを世界中で走らせて沿線の画像（ストリートビュー）を取得しているが，車は地上を走るため高い所は死角となりデータを取得できない。Google では，地図上では人工衛星画像を表示しているが解像度が低い。ここを UAV によるスキャニングで補完することが考えられる。現時点では墜落や衝突のリスクに対して有効なしくみができていないため，たとえば山岳地帯や海岸や河川上空を飛行して沿岸のデータを取得するなどから，詳細地形デジタルマップおよび高精度 GIS（地理情報システム）などの構築を行なうビジネスが期待される。GIS とは，地球上の座標とさまざまな情報を結びつけたデータベースで，身近なところでカーナビのデータベースや，各種調査などをリンクさせた戦略的地理情報，防災情報，マーケッティングなどかなり広い裾野と高い付加価値をもち，データベースの構築から運用に至るまで幅広く有望な UAV ビジネスといえる。

(3) エンターテインメント分野

小型 UAV の最も得意分野は，空撮といっても過言ではない。現状のマルチコプターを含めると，ほとんどの UAV はカメラを搭載している。ホビーから

ビジネスに至るまで「鳥瞰」ニーズはとても高い。それをビジネスと考えた商業的空撮の草分けは映画である。1995年にはまさにその目的に特化した「カムコプター」という空飛ぶカメラヘリがオーストリアのSchiebel社から発売された。現在は大型化して総重量200 kg, ペイロード約50 kgの「カムコプターS-100」として軍事を含めて幅広い用途に適応している。

　昨今では，小型ながら高解像度のアクションカメラの普及に伴って，テレビ番組の制作にかなり使われてきている。マルチコプターによる簡易な空撮から，本格的なイメージスタビライザー（雲台やデジタル画像処理）を備えた高品位なラジコンヘリ空撮，産業用無人ヘリを使用した遠距離観測映像まで幅広いニーズにリーズナブルに応えられるようになってきた。以前はドキュメンタリー制作が主であったが，昨今ではドラマ制作などにまで空撮映像が幅広く使われるようになってきている。しかしながら，底辺が急拡大したマルチコプターでの空撮画像は商品価値が低下する傾向にある。ビジネスとしては卓越した画像の鮮明さと滑らかさをもつ映像システム，構図を考えた巧みな操縦技術，それらトータルの映像としてのクオリティの高さと運用安全実績が「付加価値」を決める世界となり，今後は動画解像度が4K～8Kとどんどん高解像度化するのに伴い，ごまかしのきかないハイクオリティな空撮映像ニーズが増えてくる。オペレーターは適切な安全管理を含めた操縦技術に加え，カメラマンとしての撮影技術に精通する必要がある。図3.5.15にハイビジョンテレビ放送撮影用に最適化された最新のラジコンヘリUAVを示す。この機体は高解像度な4K映像を得るため，回転部の発生する振動を最小限にするためのチューニングが施されたワンオフマシンである。前述したオーナー兼オペレーターの大高氏の操縦センスのよさと安全管理意識の高さから，大型のドキュメンタリー番組やドラマなどのロケに多く使用されている。

(4) ロジスティック分野

　ヤマハ発動機では1980年代にUAVの用途目的として「見る」「播く」「運ぶ」というコンセプトをすでに議論していた。当時は民生用途といっても運用コストがけっして安くないUAVによる「運ぶ」仕事の範囲はせまく，電力会社の送電線敷設に伴う調査と送電線パイロットロープの架設，鉄塔建設のための機材運搬などが検討されたにすぎない。ちょうどその当時に発生したオウム真理

158　第 3 章　モビリティ社会創造に向けた実例

図 3.5.15　ハイビジョン撮影用 UAV プラットフォーム［提供：大高悦裕氏］

教によるサリン事件によって UAV が毒ガスなどを「運ぶ」「播く」反社会的用途にも使える危険性があることがクローズアップされ，積み荷の内容物にも社会性と責任をもった運用が要求されることで，事業化のハードルが一段と高くなった。したがって，観測調査プロジェクトの一環としての調査機材の運搬や設置関連を除き，ロジスティックビジネスとしての UAV 事業はまだ成り立ってはいない。ユニバーサルデザイン社会という観点から，山間地や離島の住民（多くは高齢者）へも，都会の若者と同様な社会サービスを提供するトレンドは今後当然高まってくる。インターネットの普及によって情報（デジタル）分野ではユニバーサル化が進んできているが，物質（アナログ）世界では相変わらず都会との距離は縮まらない。まずはニーズの高い「医療・医薬品」，「生活必需品」，「生鮮食料品」などいわゆる生命線のデリバリービジネスからの展開が望まれる。

　図 3.5.16 に，その「見る」「播く」「運ぶ」についての UAV の展開をマトリックスにした資料を示す。これには「OPV（optionally piloted vehicle）」という概念が新たに提示されている。これは，大きなペイロードが要求される用途の場合，有人機を無人操縦できるようにして無人運用するという概念で，「大型無人航空機」といえる。自動運転の自動車が一般化するのと同様に，今後開発が期待される領域であろう。

　(5) インフラストラクチャー分野

　「インフラ」つまり社会資本分野でのビジネスとしては，一般公共事業における測量や老朽化調査などが想定され，実際にかなりの UAV が利用されはじ

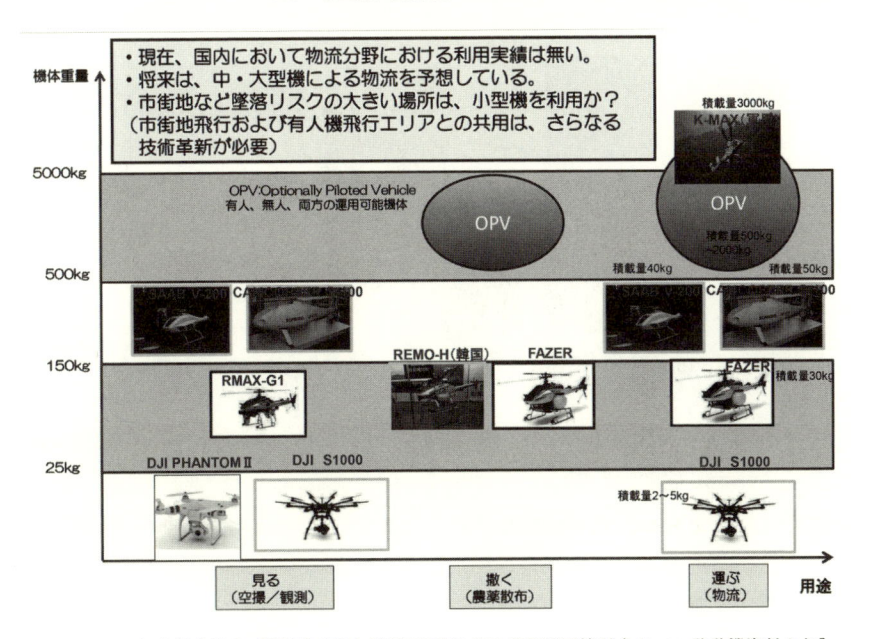

図 3.5.16　無人航空機の「運ぶ」活用［首相官邸近未来実証特区検討会ヤマハ発動機資料より］

めている。それ以外の領域で昨今注目を集めている UAV が，以前から検討されてきた情報通信中継システムである。固定翼機型 UAV で大気の影響が比較的少ない，かなり高い高度（成層圏）を太陽電池あるいは燃料電池を用いて長期間飛び続けて通信の中継基地局の役割を担うものであり，Google 社がこの機体開発のベンチャー企業の買収を発表した。SNS で有名な Facebook も同様な UAV の開発を発表している。インターネットビジネスにおいて通信バックボーンあるいはキャリアを担うことが「美味しい」うえに，社会的戦略的に重要なため各国にて研究が行なわれている。

技術的には「成層圏プラットフォーム」とよばれ，高空運用時は前出の低レイノルズ数領域の飛行体となるため，離着陸時は一般の UAV，運用時は昆虫領域の空力 UAV と，両方の性能を満足しなければならず難しい領域ではある。ソーラープレーンの研究開発とともに今比較的盛り上がりを見せている領域である。図 3.5.17 は高度による UAV の守備範囲を示した図である。一般論として高高度運用に従い機体は大型化する。これらがビジネスとして成り立つまで

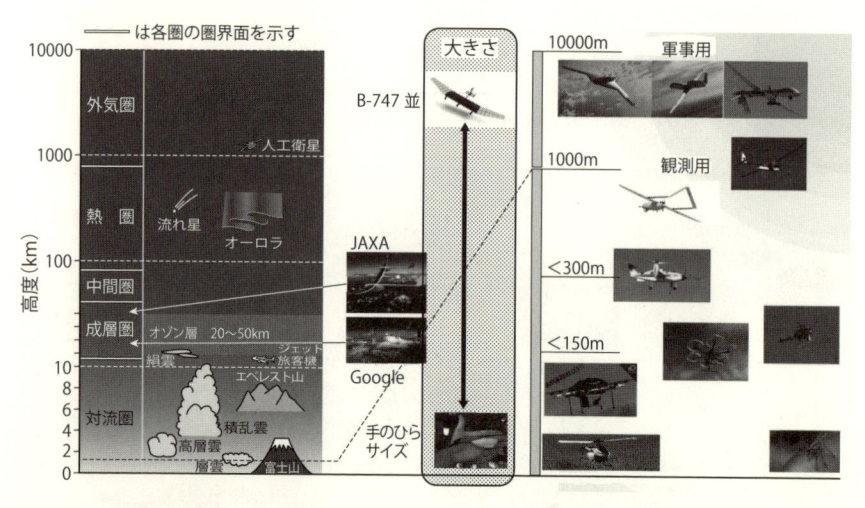

図 3.5.17 高度による UAV の守備範囲［田村博氏（静岡理工科大学機械工学科特任講師）講演資料より］

にはまだしばらく時間を要するであろう．

3.5.4 将来の展開と応用の可能性

　UAV ビジネスは当然，航空技術の発展に伴って進化する．開発スタートから実用化まで 10 年近くの期間がかかってしまう有人航空機と違い，無人であることで比較的開発の早い段階で実用化が可能である．いま筆者が着目している UAV 基礎技術が次の 2 点である．この節の締めくくりに未来に向かって簡単に述べておきたい．

　ひとつは前にも述べた，昆虫領域の超小型 UAV である．現在主流となっているマルチコプター型 UAV も以前に比べ小型化したとはいえまだまだ大きく，落ちたときの多方面の損害被害が大きい．最大でもテニスボール程度の大きさのソフトな UAV があれば，たとえば車での走行中に飛ばして前の状況を見てくるとか，ちょっと先を見たいときに重宝する．最近はスマートフォンの地図アプリケーションを使用したナビゲーションを利用して移動するが，渋滞情報や抜け道情報などはリアルタイム性に関してやはり遅きに失して時間をロスすることが多い．やはり，リアルタイム「鳥瞰」を手軽に安全に得る商品サービスに対するニーズはかなり高い．

3.5 小型無人飛行機・ヘリコプターによる社会サービス　　161

　もうひとつは，垂直離着陸固定翼型 UAV である．現在の UAV に要求されるミッションは空中停止（ホバリング）または低速移動によるものが多い．しかしながら，このような飛行はエネルギー効率がかなり悪い．現在のマルチコプターの電池容量で固定翼航空機を飛ばせば，その飛行時間は数倍にも伸びる．

図 3.5.18　QTW 旅客機概念図
［JAXA 航空機部門より］

図 3.5.19　QTW 実験機
［JAXA 航空機部門より］

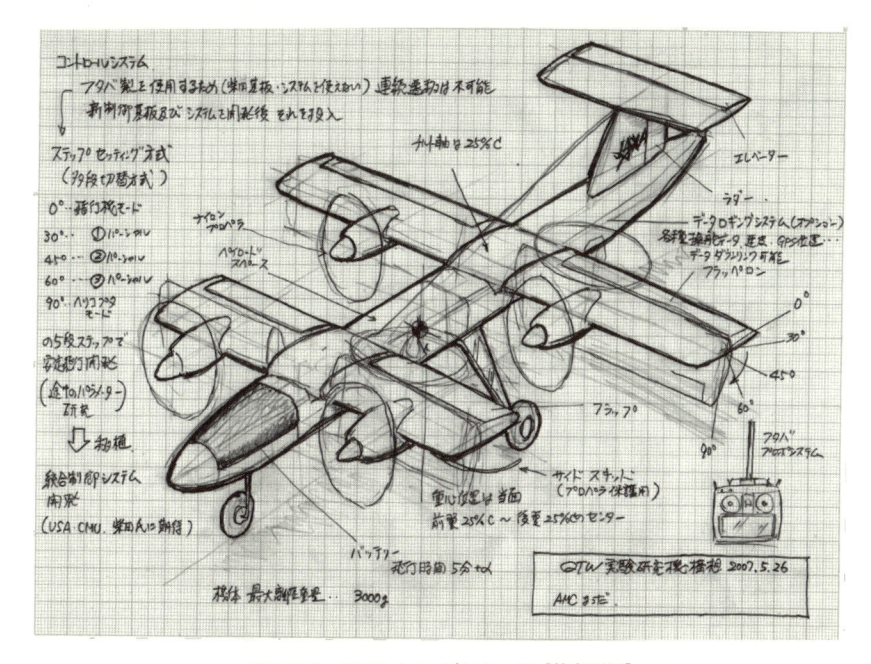

図 3.5.20　QTW イメージスケッチ［筆者原図］

飛行に関しては，主翼（固定翼）の効率は回転翼と比較して卓越してよい。

また，UAVの運用上どこでも簡単に離着陸できることが求められる。つまり，垂直離着陸固定翼型がじつは最も効率がよいUAVといえる。現在のところ，固定翼の垂直離着陸機は，沖縄に配備されている米軍の「オスプレイ」が有名である。これは，主翼は固定でプロペラ（ローター）のみ上から前に傾ける（チルトする）ことができる。これは「チルトローター」とよばれる形式でありヘリコプターを固定翼機に近づけたメカニズムである。有人機においては信頼性が最優先されるため，主翼をチルトさせることは機械の信頼性的に大きなリスクをはらむ。そのため，ローターのみチルトさせる方法としていると思われる。

一方，UAVとして考えるのはプロペラと主翼を一体にて傾けることができる「チルトウイング」という形態の航空機である。これは，主翼とプロペラが一体的に傾く（チルトする）構造で，どのような角度でも主翼が翼としての働きをする結果，かなり安定して大きな揚力を生みだしてくれる。固定翼機をマルチコプターに近づけた「QTW（quad tilt wing）」という新しい形態の研究開発がJAXA（宇宙航空研究開発機構）をはじめ数社にて行なわれている。筆者もその一人である。図3.5.18はJAXAのQTWイメージ，図3.5.19はその実験機，図3.5.20は筆者が開発初期に描いたアイデアスケッチである。

このシステムが実現すると，せまい場所から垂直離陸し，目的地まで少ないエネルギーで高速で移動し，目的地でホバリングや低速飛行のミッションをこなし，高速で戻ってくる。いわば，理想的な次世代UAVプラットフォームとして実用化に期待している。

第4章
近未来の交通運輸サービス

　前章では，社会的なおもてなし度＝ホスピタリティのレベルを上げるための交通・物流環境の革新的な研究事例・実践事例を紹介した．ここからは，これらの成果をもとにしながら，近未来の交通運輸サービスについてその像を描いていきたいと思う．

4.1　建物の中に車輌が入る社会

　これから，排ガスと騒音を抑制できる電動車輌の活躍の幅が広がることに異を唱える方は少ないだろう．この排ガスと騒音が出ないというメリットは，建物の中に入れるという革新性をもっている．従前の車は排ガスと騒音があり，建物の中に入りにくかった．
　建築物の中に公共交通車輌が積極的に乗り入れていく革新的な事例としては，1994年に京都市交通局が市バスの烏丸営業所を完全に地下化したものがある．烏丸営業所は車輌整備場や隣接の北大路バスターミナルと一体的に地下式した．すなわち，車庫から出庫したバスは地下隣接の北大路バスターミナル（北大路駅）で乗客を乗せ，地上に出て行く形となった（図4.1）．これにより，同じ地下の地下鉄北大路駅と北大路バスターミナルとの乗り換え抵抗が小さくなった．地下バスターミナルとともに整備場やターミナルまでを一体的に面的整備した事例は当時前例がなく，いまだに国内では革新的な整備事例として紹介される．ただし，排ガスが地下に充満する問題を解決するために排気ダクトの随所への設置，ターミナルでのバスが到着したときだけ乗り場のドアが開くホームドアの採用，降車場でのエアカーテン設置など，多額の整備費用もかかっている．

こうした対応策の結果として，バスターミナル内の大気中 NO_x 濃度は 0.03 ppm に，待機場・整備場で 3 ppm に抑制されたが，コストパフォーマンスがよいとはいえず課題にもなった。

これを電動バスにしたら排ガスと騒音をいっそう削減でき，車輛のイニシャルコストがかかるものの，ターミナル・車庫内のインフラコストを大きく削減できる。2011 年度に電動低床フルフラットバスに試乗した 380 人のモニターにも電動車の特性を活かした建築物内への延伸に関する評価を調査したが，相当な期待の大きさであった。それは，ただの改善要望ではない。駅構内などへ延伸することで乗り換え抵抗が小さくなるのであれば，平均して現行運賃の約 3 割増しの運賃を許容する（＝最大 3 割増しの運賃の支払意思がある）との評価が得られた。市民は一定の支払意思をもって改善を期待している。

乗合バスは，道路法および道路運送法に規定する道路などを道路交通法に従って走行することが原則である。旅客を乗せての道路以外での走行は，自動車ターミナル法に定めるバスターミナルでのみ許されている。それらの道路など，および自動車ターミナルの構造は，道路構造令や自動車ターミナル法施行規則に詳細に規定されている。もっとも，それら以外の場所での走行は法令上明確に禁止されていない。しかし現実問題として，バス事業申請時に許可されることは難しい。むろん，空港や駅などの建築物内でのバス運行に関しては，それらの区間で，道路やバスターミナルと同様の構造や安全措置などが求められる。

図 4.1 車輛整備場・バスターミナル・車庫を一体で地下にした北大路バスターミナル
（京都市交通局・烏丸営業所）

現行法制度では，建築物内へのバスの延伸について，大規模な改修や法手続きが必要である。しかし実現することによって，さらにバス利用者数が増大する可能性がある。エコデザインとユニバーサルデザインの融合も果たされ，モビリティレベル向上が実現し，おもてなし度が高い公共交通環境ができることになり，改善の意義は大きい。

一般的に商業施設では，マイカーの駐車場とバス停留場のどちらかが入口に近いかが来客数の勝負の分かれ目であるといわれている。高齢社会になり，それだけ移動抵抗が小さい商業施設が社会的に要求されているのである。実際，すでに商業施設などではさまざまな移動抵抗最小化への工夫がなされている。定量的効果を実証するのは難しいものの，乗り物（路線バスや自家用車など）の降車地点から建物の入口までの距離が短いことが重要視されており，移動抵抗を小さくする効果で利用者が増えたと思われる事例も存在する（図4.2〜4.6）。

それを考えると，やはり電動バスを建物の中まで入れることのメリットが出てくる。商業施設に限らず，駅の改札口や空港のチェックインカウンターの前に路線バスが乗り入れたら，どんなに移動抵抗が減り便利になるだろうか。荷物が多ければなおさらありがたみを感じるであろう。荷物を持って長い距離を歩くことが減れば，どんなに便利であろう。

また，建築物への延伸をしないまでも，ディーゼルバスを電動低床フルフラットバスに変更することで，さまざまな効果が考えられる。屋内のバスターミナ

図4.2　電動バスがショッピングセンターに乗り入れたイメージ
これからは買い物袋を持って遠くのバス停に向かう必要がなくなるかもしれない。乗り換えの抵抗が減る。

図4.3　建物の中を電動車輌が走るイメージ①
これは慶應義塾大学電気自動車研究室でデザインを担当していたDirk van Gogh氏による画である（以下，②③も同様）。

図4.4　建物の中を電動車輌が走るイメージ②
小型電動車でそのまま買物をするシーンである。

図4.5　建物の中を電動車輌が走るイメージ③
観光も小型電動車に乗ったまま可能になる。

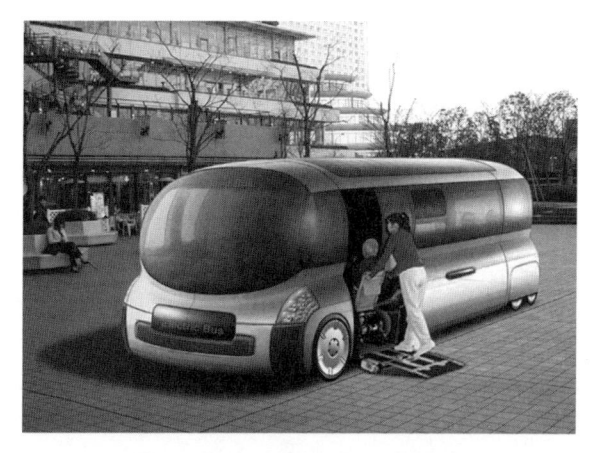

図 4.6 排ガスと騒音が出ない電動車輌

建物の中だけでなく，公園の中など今までは乗り入れが難しかった空間への乗り入れを可能にする。すなわち，建築や屋内・屋外の空間と交通空間のインタフェース，さらには都市生活者の QOL を大きく変える可能性を秘めており，電動車輌は活用の幅が広い。近年，筆者のところに建築業界からの相談も増えており，建築業界サイドも電気自動車の可能性について大きな関心を抱いている。

ルやトンネルの通行時でも排ガスを出さないため，排気設備のコスト低下，すす汚れに伴う清掃およびメンテコストの削減などの効果がある。バスターミナルは待合室をガラスで遮断する必要もなくオープンで，明るい清潔なイメージに変わる。人々の交流・癒しのスペースになることもできる。このような変化も，またバス利用を促進する要因となり，改善を期待したい。

効果がわかりやすいバスの電動化の効果を述べてきたが，公共性の高いバスに始まり，タクシー，さらには自家用車までが電動になり，建物の中まで入るようになれば，面的なユニバーサルデザインとエコデザインの融合が実現される。当然ながら，社会的なおもてなし度も上がるわけである。これがモビリティ社会の一つの大きな革新である。

4.2 医療の質を高める交通運輸サービス

前述のような病院内を自動運転する患者移動支援車輌も試作開発で一定の成果を上げており，今後は当たり前のものになる可能性が高い。たとえば，慶應

168　第4章　近未来の交通運輸サービス

義塾大学病院はJR中央線信濃町駅の改札口を出て信号を渡ればエントランスである。この移動負担を削減するため，JR東日本サイドに慶應義塾大学では車いすを寄贈し，病院との往復に利用してもらっている（図4.7）。駅から見れば，信号を渡れば病院という感じのきわめて短い距離でも，移動抵抗を大きいと感じている人は多い。筆者は，前述の自動運転機能付きの患者搬送車輌に改札を出たところで乗り換えて，病院のエントランスで自動チェックインし（たとえば，ロゴQを読み込むだけで個人認証・チェックインを行なう），肝腎の診療科まで自動で車に乗ったまま移動できるシナリオを考えている。そして，患者搬送車輌で必要な診療科や検査室をまわり，再び出口でロゴQによる個人認証・クレジットカード精算を行ない，信濃町駅まで帰れるようにすれば，患者が感じている移動抵抗をかなり削減できる（図4.8）。

病院については，この他にも電動車乗り入れのメリットがいろいろと想定さ

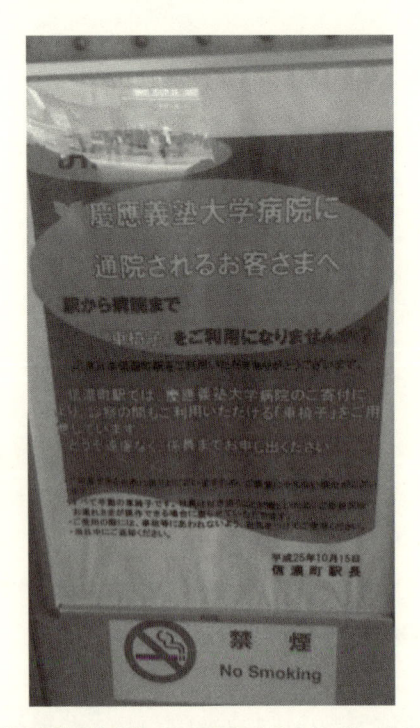

図4.7　慶應義塾大学病院ではJR東日本サイドへ車いすを寄贈して，病院への通院目的の方に利用してもらっている

4.2 医療の質を高める交通運輸サービス　　169

図 4.8　病院の中を自動運転車が回遊し，乗車したまま診療を終えられる時代が来る

れる。一つの期待される分野は，電動の救急車である（**図 4.9**）。現在のエンジン式の救急車では，救急処置室までの移動距離が長い場合もあり，一刻一秒を争う事態ではできるだけ早く救急処置室に患者を入れてあげたい。その際に電

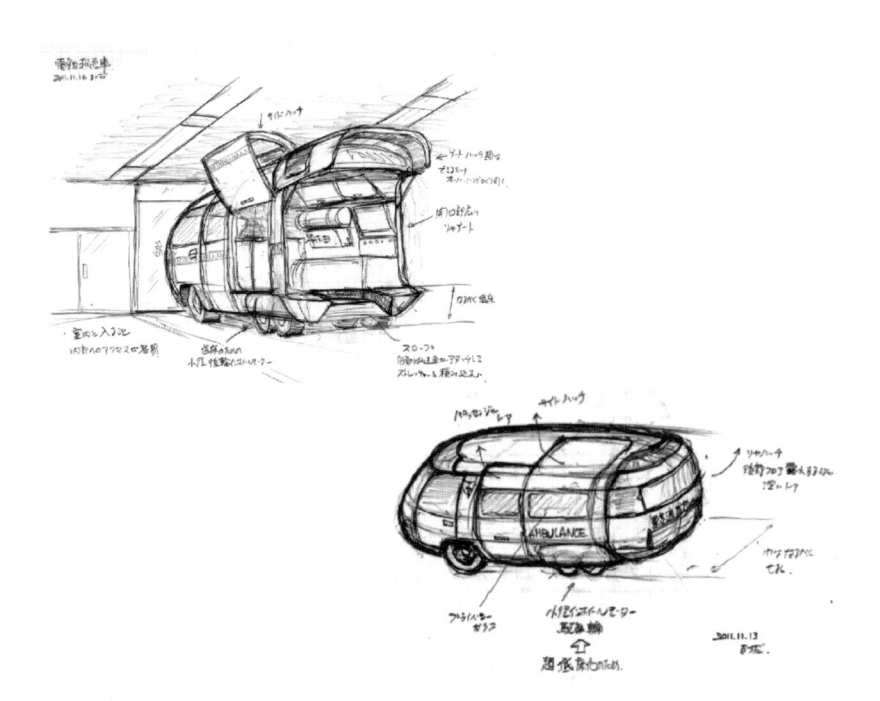

図 4.9　電動救急車のイメージ［画：松田篤志］
救急処置室の近くまで入れれば，医療の質も上がる。

動の救急車であれば，救急処置室のより近くまで入れるようになる．まさにそれが命を救うかも知れず，医療の質と密接にかかわるのである．

とくに，医療関係で使う箱型車輌には，集積台車方式の電気自動車ならではのメリットが活かされる．直接駆動のモーターによりエネルギーの伝達ロスが減り，一充電の走行距離の伸長が可能である．あわせて，床下にすべての電池，インバーター，インホイールモーターを挿入するため，低床で全体がフルフラットな床となり，車室空間の拡大確保が可能となる．さらに，関係者の乗車人員拡大，看護医療機器の搭載容積拡大が可能になり，病院の送迎バスや検診車輌，救急車，一人乗り用移動支援車まで応用範囲が広い（**図 4.10**）．

- 大型集積台車→レントゲン車輌・通院路線バスなど（たとえば，前述のような大型低床フルフラットバスの応用が想定される）
- 中型集積台車→救急車・物品搬送車・送迎バスなど
- 小型集積台車→一人乗り車輌・小型物品ワゴンなど（たとえば，前述のような自動運転機能付きの小型電動車輌の応用が想定される）

という感じで3種類程度の集積台車を用意し，車体を可変させるといろいろな可能性がある．

図 4.10　集積台車による車体の変更例
中型の集積台車の車体を替えれば，病院の送迎車や救急車，物品搬送車輌などに応用できる．これらが病院の中まで入れるようになれば，移動や物流の抵抗が減少する．

4.3 自動運転技術がもたらすもの

病院内での自動運転による患者移動支援システムを前述したが，今後はすでに社会的に報じられているとおり，屋内・屋外を問わず自動運転の時代が来る。マイカーでの屋外自動運転が達成されれば，免許をとれない未成年，免許返上を求められつつある高齢者や免許をとりにくい障がい者も，場所を指定し車に乗っているだけで目的に着けるようになる。これが究極の自動運転の形であるが，現在の自動運転を取り巻く環境といえば研究・技術開発が進み，法制度的整備が遅れている状況である。しかし，ここにきて2014年ごろから法制度面の議論・整備を進めるべきという社会科学系交通研究者や法律家の声が大きくなっている。現実には，法制度が整備されないと技術普及はありえない。

法制度面で最も指摘が多い問題は，「完全な自動運転走行に誰が責任をもつのか」ということである。事故発生時の責任はメーカーだけに押し付けてよいのだろうか。車の持ち主や乗っていた人にも責任があるかもしれない。既存の法律だけをみても，製造物責任法や道路交通法，刑法を含めた総合的議論や法整備が不可避の状態になっている。さらに，法制度面の整備がなされたとしても，人身事故が発生したときに被害者は誰に感情をぶつければよいのか。誰に相談をすればよいのか。制度的な問題だけでなく，価値観の問題も出てくる。国民間の議論や合意形成には多大なる時間を要する問題である。加えて保険の問題も生じる。自動運転の車の保険料率をどうするか。さらに賭け金はどうあるべきなのか。議論しなくてはいけないことが上記のように多すぎるのが実情である。

まさに自動運転は，技術・価値観・制度の社会構成の3要件のバランスをとるための議論が求められている。学際的なスタンスから研究・実務を行なうべき分野なのである。

とはいえ，公共交通に応用すればいろいろな可能性が広がる。たとえば，東京の新橋を走るゆりかもめのように運転士が不要なバスになれば，運賃収入の80％以上も充当する人件費を相当削減できるかもしれない。隊列走行方式の技術を用いれば，それぞれの住宅地エリアだけで運転士が運転を行ない，幹線

道路では無人の BRT（快速バス運転）＋自動運転というシナリオもありうる。それで路面電車程度の中量輸送の輸送キャパシティを確保できれば，現在の LRT の議論にも一石を投じられる。じつは路面電車の車輌走行1キロあたりの輸送コスト（営業費用）を比較すると，路線バスの 433 円に対して，路面電車は約2倍の 845 円かかっている。人件費を抜いたとしても，この差は歴然と残るわけである（JR などの鉄道は 680 円かかっている）。路面電車では，保修費が次のとおりに割高である。

① 変電所・架線などの設備費が高価。車輌代替が進まず，古い部品の調達コストも高価。
② ノッチオン（モーターに通電）の時間が長くノッチオフ（惰行）での運転が少ないことと，力行および惰行の繰り返し運転の増加。加速の機会が多いことによる電力消費量の増加。
③ 低速度運行が常態化し，乗務員の時間あたりの生産性が低くならざるをえない状況。

これを考えると中量輸送系を，路面電車や LRT の議論から，自動運転（図 4.11）や隊列走行方式（図 4.12）を採用したバス車輌ベースの議論にシフトさせることも必要であると筆者は考える。

図 4.11 トヨタ自動車が 2005 年の愛・地球博（愛知県で開催）の会場内移動手段として投入した IMTS（intelligent multimode transit system）のバス
　最新の ITS（intelligent transport systems）技術を用いて，専用道では無人自動運転・隊列走行を，一般道では通常のバス同様にマニュアルで単独走行を行なう新交通システムである。LRT のような軌道系中量交通システムの定時性・高速性・輸送力と，路線バスの経済性・柔軟性をあわせもつメリットがあり，愛・地球博以降も未来のバスの姿として注目を集めている。

4.4 公共交通車輌を変える蓄電池技術   173

図 4.12　いずれは，このようなバスの隊列走行・自動運転の時代が来るかもしれない
連結さえできれば，幹線道路と住宅地エリアの中間で解結を行ない，幹線道路では隊列走行・自動運転，住宅地エリアでは普通のバスのような有人運転，という柔軟な運行もできる．

4.4 公共交通車輌を変える蓄電池技術

　筆者が慶應義塾大学に在籍していた際に，JR 東日本と蓄電池鉄道車輌の基礎研究に参加していた．まさに，電気自動車にかかわる研究者と鉄道事業者の異文化交流的な産学共同研究を行なっていた時期がある．当時，筆者は前述の電動の低床フルフラットバスの研究を続けており，この知見を非電化区間の車輌に応用可能か，JR 側と議論していた．

　むろん，われわれの研究での議論は 2010 年ごろに行なわれたもので基礎中の基礎ではあったが，蓄電池を使った鉄道車輌の開発が進んだ．2014 年からは JR 東日本が開発した蓄電池駆動電車「ACCUM（＝アキュム）」が，栃木県の非電化区間である烏山線で運用を開始している．この蓄電池車輌は図 4.13 にも写っているが，パンタグラフがあり架線がある場所では集電を行なって蓄電池に充電を行ない，非電化区間では蓄電池の電力で走る方法が採られている．具体的に電化区間の宇都宮～宝積寺間では，パンタグラフを使って架線から集電する．走りながら蓄電池に充電を行ない，非電化区間の宝積寺～烏山間では蓄電池の電力を使いモーターを駆動させて走っている．烏山線は実際は宝積寺～烏山間であるが，これまでも中核都市である宇都宮まで電化区間の宇都宮線を経由して走っており，この構図をうまく利用した蓄電池車輌の運行である．将来的に，電化区間を走らない路線でも，蓄電した電気だけで走ることが期待

174　第 4 章　近未来の交通運輸サービス

図 4.13　JR 東日本が栃木県の烏山線に投入した架線式蓄電池車輌 ACCUM
いずれは蓄電池の性能が向上することで，架線不要な蓄電池車輛が開発され誕生するであろう。

される。ACCUM の車輌の床下には高性能な蓄電池が配され，空調用電源，モーターやその制御装置などが組み込まれている。その観点でいえば，筆者も研究に参画してきた集積台車型の電動バスとも親和性が高く，今後は蓄電池車輌と電動バスの一体的な生産によるコスト低減も社会的に期待できる（図 4.14〜4.16）。

非電化区間で走る気動車は，電車よりエネルギー効率が悪い。駅で，大きな

図 4.14　集積台車型の電動低床フルフラットバスを蓄電池電車車輌に応用できないかを検討をしていたときに慶應義塾大学サイドで書いたイメージ

4.4 公共交通車輌を変える蓄電池技術　175

図 4.15　在来線の特急を架線レスの蓄電池車輌にしたときのイメージ
蓄電池の蓄電の技術が向上すれば，こういう車輌も夢ではない．高額な架線維持費用も削減可能である．

図 4.16　蓄電池車輌の究極の形としての蓄電池新幹線のイメージ

ガラガラという大きなエンジン音を聞いたことのある方も多いだろう．エンジン式であることから，排ガスも大量に出す．つまり，地域環境保護の観点でも課題がある車であった．ACCUMは，従来型の気動車よりも走行時の二酸化炭素発生量を約60%減らせ，気動車の排ガスに含まれる窒素酸化物もまったく発生させない．JR九州も同様の架線式蓄電池車輌を投入すると発表しており，今後は蓄電池車輌が新しい日常のシーンになる日も来るだろう．

4.5　海外技術の流入による変革

　最後に，日本の公共交通のガラパゴス化についても指摘しておきたい。ガラパゴス化とかガラパゴス現象という言葉は，マスコミなどで読者の皆さんも一度は聞いたことがあるのではなかろうか。日本の交通技術全般でこのガラパゴス化が進んでしまっている。孤立した日本市場の技術で最適化が進んでしまい，海外の優れた技術への視野がせまくなって結果的に適応性を失う状況に，日本の公共交通全体が陥っているとしても過言でない。

　たとえば，バスの場合はそのガラパゴス化が顕著である。海外に優れた車輌の選択肢があっても，一部の事業者を除き受け入れがたい雰囲気がある。そうしたなかで，中国製の量産型電動バスを日本の法制度に合うように改造し，積極導入する事業者も出てきた。

　現在，インホイールモーターを採用した中国製電動バスが，京都急行バスに5台登場して活躍を始めている。従前の日本の電動バスといえばエンジン車の改造車がメインであったが，京都急行バスの車は中国 BYD 製の K9 という量産販売車である。ロンドンやボンをはじめ，世界の 90 都市に導入されている車である。この数字はそれだけ世界が電動化に向かっている一つの証拠である。海外では，他国のバス車輌を利活用することにアレルギーが低いが，島国のわが国では海外製を受け入れる雰囲気がいまだにない。

　京都で導入された車輌は，全長 12 m，幅 2.5 m，高さ 3.25 m，ホイールベース 6.1 m で，総重量 19 t である。駆動方式が後輪インホイールモーター式，電池容量 324 kWh で，フル充電 250 km 以上の走行が可能とのことである。この 250 km という数字は，1 日の都市内走行ならば十分な数字であり，従来からの電動バスに対する運転士サイドの不安も大きく軽減できている。第三者機関の評価では，コスト比較で従来のディーゼル車の 31 %，ハイブリッド車の 65 % の額で同じ距離を走れるとの評価を得ている。経営面でも貢献度が高いことがうかがえる数字で，現在，バス業界からも注目を浴びている。

　この車は元来，国際的な標準である幅 2.55 m を日本の法規に合わせて 2.5 m のナロー仕様にカスタマイズして投入が実現したそうで，同社のご苦労や熱意

図 4.17　京都急行バスが導入した中国 BYD 製の K9 電動量産車
幅がもともとは 2.55 m の仕様であるが，国内法規では大型バスの幅が 2.5 m 指定であり，少々ナロー仕様になった。

がうかがえるエピソードである（**図 4.17**）。こうした車輌法規の問題があり，世界的に優れた車が多いにもかかわらず改造が必要という厳しい現実がある。それでも電動バスによる都市生活者に向けたエコデザインを考える場合，外国の量産電動バスを日本法規にあわせて改装する方法は目下一つの有力な選択肢であり，これに挑んだ同社の果敢な姿勢は評価されるべきだろう。

現在は運転席の後部や中扉より後ろの床下に電池が入っており，車内レイア

図 4.18　京都急行バス K9 の車内
蓄電池置き場を確保するため，運転席周辺は蓄電池用のスペースになっている。運転手からは車内が見づらくなっており，改善が必要である。

ウトで完全ではない部分もある（**図 4.18**）。しかし，一研究者としては，こうしたエポックメイキングな海外製の電動バスがすでに日本の都市内で稼働していることを知ってもらい，「海外電動車輌」によるバス事業のエコデザイン推進の可能性もあることを広く知ってほしいと思う。

　こうしたチャレンジングな姿勢の事業者が少ないのが現実である。交通のサービスを享受するエンドユーザーの乗客の視点では，ユニバーサルデザインとエコデザインが両立されれば手段は問わないはずである。日本企業特有のガラパゴス的な論理も多分にみえる現状であるが，ここを打破しグローバル化する政策的雰囲気づくりも必要である。

　これは，バスに限らないことである。海外性の交通車輌は，部品の確保に時間と金がかかるという見方もあるが，メインテナンスのシステム改善も海外事業者は全般的に力を注いでいる。今後，そうした面にも行政や事業者に目を向けてもらいたいものである。

おわりに

　本書では，近未来の交通環境をよりよくするためのヒントを，最新の研究動向と成果を交えながら整理した。東京オリンピック 2020 の招致プレゼンテーションでいみじくも滝川クリステルが「お・も・て・な・し」という日本ならではの言葉や精神を強調して，おもてなしの精神が再度注目を浴びた。サービスの概念から一歩進んだ「ホスピタリティ」は，「このとき・この場で・この人だけに」と個別におもてなしをすることを意味する。語源はラテン語のHospics（客人らの保護）であり，やがて Hospics が変化した Hospitality が「歓待」を意味するようになった。さらにそれが英語での Hospital（病院），Hotel（ホテル），Hospice（ホスピス）などの言葉に変化したといわれている。

　客人，広くいえばユーザーに対する思いやりの心をもって個別のサービスを考えて提供するのが，「ホスピタリティ」の精神である。交通の世界でも，いろいろな人の個性を十二分に考えて移動の権利＝モビリティを確保し，ユニバーサルデザインとエコデザインを実現して，みんなに喜ばれる状況を創出していく社会全体の姿勢が必要である。少なくとも，そうした姿勢がないとオリンピックの満足度も総体的に低くなるだろう。そうした意味では，あらゆる人を見てあらゆる人を巻き込むことがとても重要である。

　日本国内では，交通環境を考える市民志向のワークショップも増えてきたし，筆者も法定の自治体での地域公共交通活性化会議の会長などを努め，産・公・民でのさまざまなファシリテーションを行なうようになった。しかし，そうした場はまだまだ少ない。日本国内でいえば，まだまだ公共交通の重要性が教育の現場で語られておらず，教育的配慮の下で未来の交通を考える場も少ない。交通に対するニーズ志向を植え付ける場も多くない。

　ここでご紹介した技術は，市民のニーズに則ったものばかりで，それが世界に誇れる点である。これまでの交通環境研究は技術志向が強く，ニーズとシーズのマッチングがうまく図られてこなかった。筆者は文理融合分野の交通研究者として両者の間に立ち，未来の交通と物流を描きつづけている。そこで重視

しているのは，多くの人を巻き込んで技術と制度と価値観のバランスを維持しながら，現実的な未来戦略を描くことに尽きる。

　ぜひ読者の皆さんにも，そうした俯瞰的な視座で交通を見つめ直してほしいし，議論にも参加し，ときに議論を起こしてほしいと思う。そうしたニーズ志向による，誰もが喜べる未来交通環境構築のヒントに本書がなっていたなら，筆者としては望外の喜びである。

　謝辞　本書の執筆にあたり，企画段階から慶應義塾大学出版会の浦山毅さんにはたいへんお世話になった。この場を借りてまずは厚く御礼申し上げる。また本書の成果は，筆者と多くの方々の研究上のコラボレーションに成り立つものである。紙面の都合上，皆さんのお名前や機関名をめいめいあげるわけにはいかないが，心より厚く御礼を申し上げる次第である。

索　引

【英字】

ACCUM ………………………………… 173
ADA 法 ……………………………………18
BRT（bus rapid transit）……… 47, 172
CMYK ……………………………………114
CVM 手法 ……………………………… 104
FlagQR ………………………………… 125
GIS ……………………………………… 156
GPS …………………… 136, 143, 146, 152
IC カード …………………………………10
IMTS …………………………………… 172
IoT（internet of things）……93, 105, 109, 111, 112, 118, 128〜131, 135
IoT タグ ……………………………… 105
IoT タグ技術 ………………………… 111
JAXA …………………………………… 162
K9 ……………………………………… 176
LCA（life cycle assessment）………20
LRT（light rail transit）……… 46, 172
QR コード …… 95, 106〜108, 112〜118, 121
RGB ……………………………………… 114
UAV ………… 135〜139, 143, 146〜151, 153〜160, 162

【あ行】

移動抵抗 ………………………… 59, 85, 165
医療 ……………………………………… 167
インクルーシブデザインワークショップ ……………………………………65, 66
インホイールモーター ……………………28

【か行】

ウェアラブルコンピューティング… 8, 14
駅ボランティア …………………………13
エコデザイン …………………………iii, 19
エネルギーマネジメント ………………86
大型電動フルフラットバス ……………29
オートチャージ …………………………10

【か行】

価値観 ……………………………………iv
慣性航法装置 ………………………… 150
技術 ………………………………………iv
キャブオーバー方式 ……………………25
キャリーサービス ………………………12
クチコミ …………………………………94
クラウド技術 ………………………… 109
軽薄短小 …………………………………14
交通 ………………………………………iii
交通計画学 ………………………………iv
交通経済学 ………………………………iv
交通工学 …………………………………iv
交通史学 …………………………………iv
高齢者，障害者等の移動等の円滑化の促進に関する法律（通称，バリアフリー新法）……………………………18
コンバート型電気自動車 ………………28
コンポーネントビルトイン式フレーム…28

【さ行】

サーバー認証型 ………… 122, 125, 126
視覚障がい者 ………………………… 1, 2

182　索　引

自己認証型··················122，125，126
システム···v
システムデザイン··························21，22
持続可能な社会······························20
肢体障がい者·································1
自動運転····································167
自動患者搬送車輌···············70〜74，83
社会システム································iv
重厚長大······································14
集積台車······································28
少子高齢化··································15
自律動体····································131
身体障害児····································1
身体障害者····································1
スタビライザー···············143，149，152
ステアリング································42
スマートウォッチ···························8
スマートコミュニティ··············86，87
スマートフォン··························8，95
青果物のエコ搬送システム···········88
精神薄弱児（者）·····························1
制度···iv
セキュリティ································85
セキュリティロゴQ··············121，128，
　　　　　　　　　　　　　131，134，135

【た行】

ダイレクトドライブ······················29
隊列走行····································172
ダウンウォッシュ······················152
タッチパネル································10
タンデムホイールサスペンション······28
蓄電池駆動電車··························173
知的障がい者···························1，4
中量輸送···································172
中量輸送系································172

聴覚障がい者····················1，3，18
直売所················88〜92，94，99〜102
チルトウイング··························162
チルトローター··························162
電気自動車··································27
電動低床フルフラットバス···········24
東京オリンピック2020················179

【な行】

内部障がい者····························1，4
日本ラジコン電波安全協会········138
農都共生支援システム·················86
農林水産航空協会·····················136
ノンステップバス···················24，27

【は行】

ハイビジョン······························148
バンダーリン，シム······················19
ピクトグラム······························124
秘匿情報········121〜123，126〜128，130
福祉のまちづくり························14
ベビーカーマーク························11
ホスピタリティ······················iii，179
ホームドア····························2，5，163
ボランティア································12

【ま行】

無人自動運転····························172
メイス，ロナルド··························18
メカクール·································88，91
モータリゼーション···iv，5，16，24，33
モバイル方式································10
モビリティ学································v
モビリティ······································iii

【や行】

ユーザビリティ……………7, 9, 14, 16
ユニバーサルデザイン………………iii
揚抗比…………………………… 140

【ら行】

ライフサイクル……………………19
ランニングコスト………………32, 33
リダイレクトサーバー…………123, 129
リチウムイオンバッテリー……………46
リヤエンジン方式…………………25

レイノルズ数…………………140, 159
歴史的価値……………………………10
レーザースキャナー………………… 150
老老介護………………………………12
ロケーションシステム……………… 8
ロゴ Q……………93, 95, 113〜116, 121, 122, 125〜131
ロングタームユーザビリティ……… 9, 14

【わ行】

ワンステップバス……………………24

西山敏樹（にしやま・としき）
1976年生まれ。慶應義塾大学大学院政策・メディア研究科後期博士課程修了。博士（政策・メディア）。慶應義塾大学医学部，同大学院システムデザイン・マネジメント研究科特任准教授を経て，現在は東京都市大学都市生活学部准教授。路線バスやトラックのユニバーサルデザインやエコデザイン化に関する論文多数。バス事業の活性化方策に明るい数少ない国際的研究者の一人。

東　陽一（あずま・よういち）【3.4節執筆】
1958年生まれ。明治大学理工学部卒。A・Tコミュニケーションズ代表取締役。IoTタグコードや文字に関するセキュリティ技術などを開発。自身の特許は10を超える。著書に『実例でわかるデジタルイメージング』（JAGAT），『DTP&Web画像データ事典』（MdN），『デジカメ解体新書』（CQ出版）など多数。

松田篤志（まつだ・あつし）【3.5節執筆】
1960年生まれ。日本大学理工学部航空宇宙工学科卒。ヤマハ発動機にて主に産業用無人ヘリの開発に従事したあと独立起業。2007年慶應義塾大学大学院政策・メディア研究科准教授として電気自動車の開発に従事。現在は有限会社エーエムクリエーション取締役社長，中国科学院深圳先進技術研究院研究員。

近未来の交通・物流と都市生活
　　──ユニバーサルデザインとエコデザインの融合

2016年3月25日　初版第1刷発行

編著者――――西山敏樹
発行者――――古屋正博
発行所――――慶應義塾大学出版会株式会社
　　　　　　〒108-8346　東京都港区三田2-19-30
　　　　　　TEL〔編集部〕03-3451-0931
　　　　　　　〔営業部〕03-3451-3584〈ご注文〉
　　　　　　　〔　〃　〕03-3451-6926
　　　　　　FAX〔営業部〕03-3451-3122
　　　　　　振替　00190-8-155497
　　　　　　http://www.keio-up.co.jp/
装　丁――――川崎デザイン
印刷・製本――株式会社加藤文明社
カバー印刷――株式会社太平印刷社

©2016　Toshiki Nishiyama, Youichi Azuma, Atsushi Matsuda
Printed in Japan　ISBN 978-4-7664-2304-4